CWPAN RYGBI'R BYD 2011

LYNN DAVIES

y Lolfa

Argraffiad cyntaf: 2011
Hawlfraint Lynn Davies a'r Lolfa Cyf., 2010

Mae hawlfraint ar gynnwys y llyfr hwn ac mae'n anghyfreithlon
i lungopïo neu atgynhyrchu unrhyw ran ohono trwy unrhyw
ddull ac at unrhyw bwrpas heb gytundeb
ysgrifenedig y cyhoeddwyr ymlaen llaw

Dymuna'r Cyhoeddwyr gydnabod cymorth ariannol
Cyngor Llyfrau Cymru

Diolch i Press Association a Huw Evans Agency am y lluniau

Dyluniwyd gan Elgan Griffiths

Rhif Llyfr Rhyngwladol: 978 184 771 354 4

Cyhoeddwyd ac argraffwyd yng Nghymru
gan Y Lolfa Cyf., Talybont, Ceredigion SY24 5HE
gwefan www.ylolfa.com
e-bost ylolfa@ylolfa.com
ffôn 01970 832 304
ffacs 832 782

CYNNWYS

Rhagair	5
Seland Newydd - Cyffro'r croeso	6
Y meysydd chwarae	8
Hanes Cwpan y Byd	10
Amserlen	14
Y dyfarnwr	16
Y chwaraewr a'r hyfforddwr	16

Y gwledydd

Grŵp A
Seland Newydd	18
Tonga	20
Ffrainc	22
Canada	24
Siapan	26

Grŵp B
Yr Ariannin	28
Lloegr	30
Yr Alban	32
Georgia	34
Rwmania	36

Grŵp C
Awstralia	38
Iwerddon	40
Yr Eidal	42
Rwsia	44
Unol Daleithiau America	46

Grŵp D
De Affrica	48
Cymru	50
Ffiji	54
Samoa	56
Namibia	58

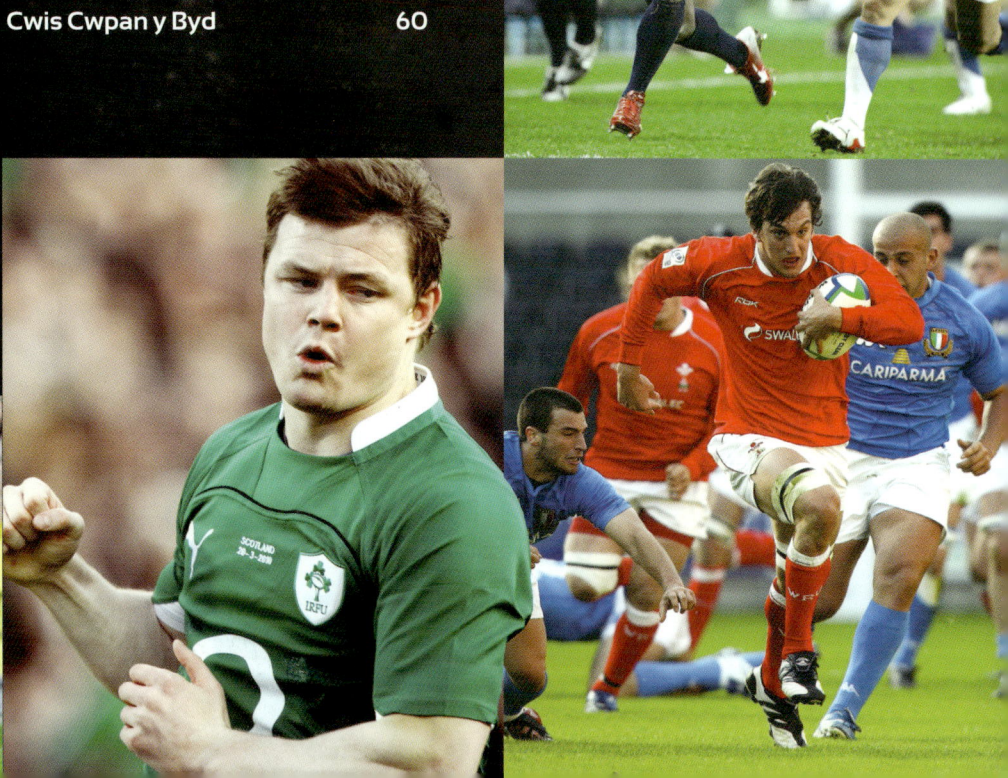

Cwis Cwpan y Byd 60

4

RHAGAIR

Fe fuodd rygbi'n garedig iawn wrtha i. Fe ges i dreulio blynyddoedd lawer yn chwarae gêm yr o'n i'n dwlu arni. Fe ges i gystadlu ar y lefel uchaf gyda thimau Caerdydd, Cymru, y Barbariaid a'r Llewod, gan fwynhau doniau a chwmni chwaraewyr rhagorol. Fe ges i wynebu bechgyn oedd yn cael eu hystyried y gorau yn y byd gan elwa'n fawr o'r profiad. Fe ges i gyfle i grwydro'r byd ac i gymdeithasu â phobl ddiddorol dros ben. Fe fues i hefyd yn ddigon lwcus i ennill nifer o anrhydeddau rwy'n eu trysori'n fawr. Ond er mor ddiolchgar rwy' i i'r byd rygbi am hyn i gyd y mae un profiad na ches i ddim cyfle i'w fwynhau y baswn i wrth fy modd petai e wedi bod yn rhan o 'ngyrfa i - cymryd rhan yng Nghwpan Rygbi'r Byd.

Er taw pob pedair blynedd y cynhelir y Cwpan, mae holl gynlluniau a gobeithion pob tîm rhyngwladol, yn ystod y cyfnod rhwng un Cwpan a'r llall, wedi eu hoelio ar wneud yn well yn y gystadleuaeth honno y tro nesa. Er gwaetha'r holl frwdfrydedd y mae, er enghraifft, Pencampwriaeth y Chwe Gwlad a Chystadleuaeth y Tair Gwlad yn hemisffer y de yn ei greu bob blwyddyn, y nod i'r gwledydd i gyd yw paratoi'r ffordd ar gyfer gwneud eu marc yng Nghwpan y Byd.

Erbyn hyn mae'r ymroddiad, y lefelau ffitrwydd, y nerth a'r sgiliau sydd eu hangen yn ystod cyfnod y cystadlu yng Nghwpan y Byd yn gosod sialens y bydd pob chwaraewr rygbi rhyngwladol yn awyddus i'w phrofi. Yn sicr fe fydda i wrth fy modd yn eu gweld nhw i gyd, a thîm Cymru'n enwedig, yn bwrw iddi yn Seland Newydd yn ystod mis Medi a mis Hydref. Rwy'n edrych mlân!

Gareth Edwards

SELAND NEWYDD – CYFFRO'R CROESO

Ers mis Tachwedd 2005, pan ddewiswyd Seland Newydd fel lleoliad ar gyfer Cwpan Rygbi'r Byd 2011, bu'r wlad wrthi'n cynllunio'n ddyfal ar gyfer y digwyddiad. Ond ym mis Chwefror 2011 cafwyd cwmwl mawr dros yr holl baratoadau pan darodd y ddaeargryn erchyll yn ninas Christchurch. Bu galar mawr a chydymdeimlo o bob rhan o'r byd. Ond er yr holl dristwch a gafwyd drwy'r wlad, bu'n rhaid bwrw ati i aildrefnu'r holl weithgarwch a fwriadwyd ar gyfer yr ardal a ddioddefodd ac i gynllunio ymhellach ar gyfer mis Medi.

Y bwriad o'r cychwyn oedd sicrhau mai'r gystadleuaeth hon fydd yr un fwyaf cofiadwy o bob un a gynhaliwyd hyd yn hyn ac mae'r brwdfrydedd a'r bwrlwm a gafwyd ar hyd a lled y wlad yn awgrymu y gwelir gwireddu'r bwriad hwnnw yn ystod misoedd Medi a Hydref. O ran maint a phwysigrwydd mae Cwpan Rygbi'r Byd yn drydydd o blith yr holl weithgareddau chwaraeon a gynhelir ledled y byd. Ar ben hynny mae pobl Seland Newydd yn gyffredinol yn ystyried cystadleuaeth 2011 fel yr achlysur pwysicaf yn hanes eu gwlad.

Pan gynhaliwyd Cwpan y Byd gyntaf, yn 1987, gwahoddwyd 16 o wledydd i gymryd rhan. Ar gyfer cystadleuaeth 2011, gan gynnwys y gêmau cymhwyso, bydd 100 o dimau wedi anelu at ennill Cwpan Webb Ellis. Eleni chwaraeir 48 o gêmau'r rowndiau terfynol gan 20 o dimau; bydd ganddyn nhw 900 o chwaraewyr a staff wrth gefn; byddan nhw'n aros mewn 21 o leoliadau, gan ddefnyddio 46 o ganolfannau ymarfer a pharatoi. Ar ben hynny disgwylir hyd at 85,000 o ymwelwyr i Seland Newydd ar gyfer Cwpan y Byd, a fydd yn cynnwys 2,500 o weithwyr gyda'r cyfryngau. Yn 1987 darlledwyd rhaglenni o Gwpan y Byd i 17 o wledydd ond erbyn 2007 roedd nifer y gwledydd hynny wedi cynyddu i 202. Hefyd, o'r Cwpan Byd cyntaf hwnnw, cafwyd 103 o oriau darlledu a ddenodd 230 miliwn o wylwyr. Erbyn 2007 cafodd 8,500 o oriau eu darlledu ac yn 2011 disgwylir cynulleidfa deledu o dros 4 biliwn o bobl.

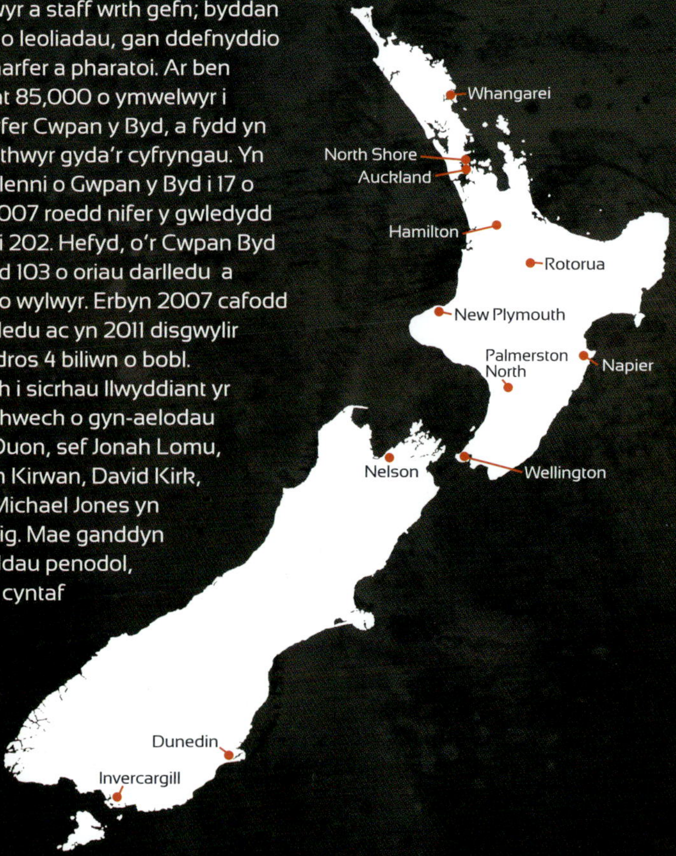

Yn rhan o'r ymgyrch i sicrhau llwyddiant yr achlysur penodwyd chwech o gyn-aelodau enwog tîm y Crysau Duon, sef Jonah Lomu, Sean Fitzpatrick, John Kirwan, David Kirk, Andrew Mehrtens a Michael Jones yn llysgenhadon arbennig. Mae ganddyn nhw i gyd ddyletswyddau penodol, er enghraifft mae'r tri cyntaf ohonyn nhw wedi ymrwymo i weithio gyda'r Llywodraeth ac asiantaethau tramor i hyrwyddo Seland Newydd fel gwlad wych i ymweld â hi ac i fasnachu â hi. Bu'r tri eisoes yn trafod ag arweinwyr diwydiannol a phenaethiaid busnes mewn gwledydd fel Ffrainc, yr Eidal a Tsieina.

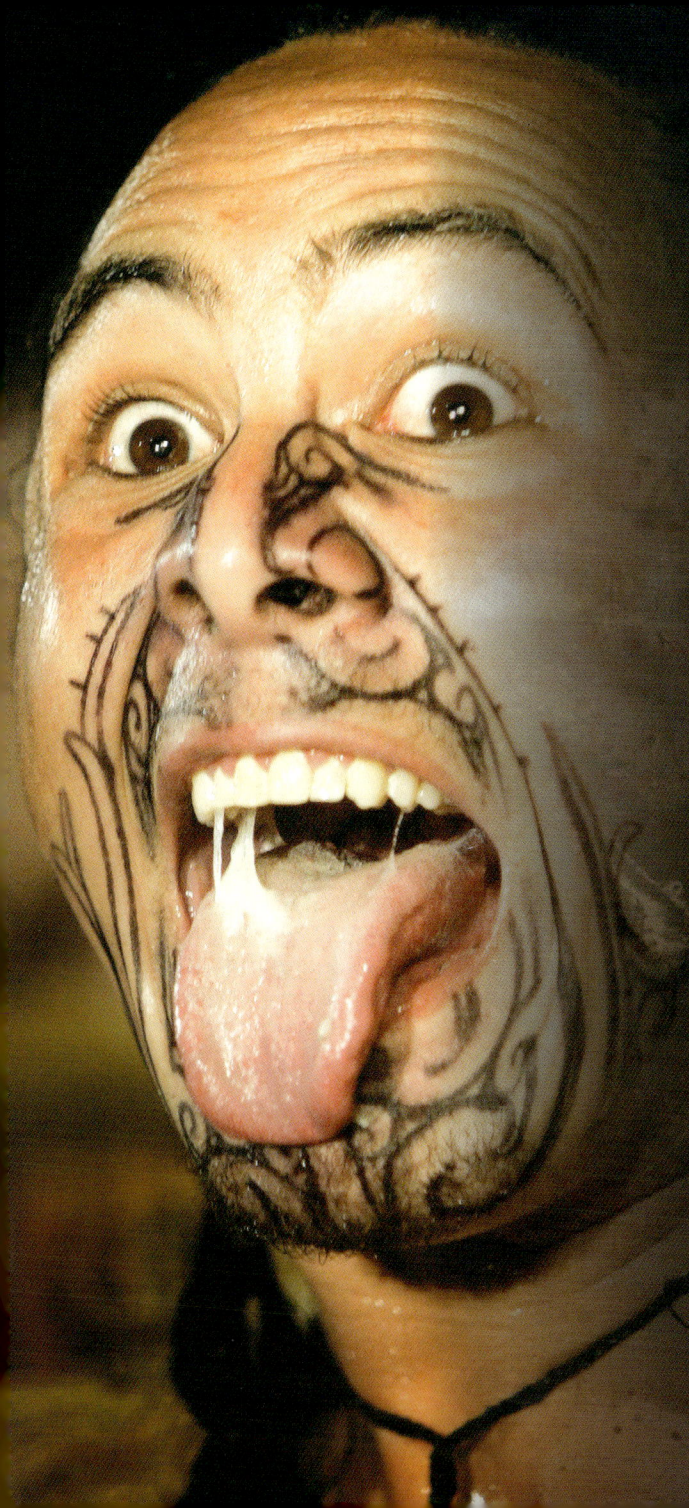

Gan Michael Jones y mae'r dasg o arwain 5,000 o wirfoddolwyr, drwy'r wlad i gyd, sydd wedi ymrwymo i hwyluso trefniadaeth Cwpan y Byd o ran trafnidiaeth, llety, cyfryngau a seremonïau. O fis Mai tan fis Awst byddan nhw'n cael hyfforddiant arbennig ar sut i gyflawni eu dyletswyddau gwahanol. Un o'r manteision iddyn nhw yw eu bod i gyd i dderbyn gwisg arbennig ar gyfer eu gwaith, a'u bod yn cael cadw'r wisg yn atgof o'u cyfraniad pwysig i'r achlysur.

O ran yr holl ddarpariaeth a gynigir fel rhan o Gwpan y Byd mae gan yr awdurdodau yn Seland Newydd weledigaeth ehangach na chynnal gŵyl rygbi yn unig. Mae Michael Jones wedi datgan ei fod yn gobeithio y bydd y tîm o wirfoddolwyr, yn dilyn eu cyfraniad ym mis Medi, yn gallu gweld gwerth i wirfoddoli ac y bydd y profiad yn gyfrwng i lawer ohonyn nhw benderfynu ymgymryd â gwaith gwirfoddol oddi fewn i'w cymunedau unigol wedi i Gwpan y Byd ddod i ben.

Yn ystod wythnosau'r cystadlu bydd gŵyl anferthol ar hyd a lled y wlad, y fwyaf i gael ei chynnal yno erioed. Ei bwriad yw dathlu popeth sy'n bwysig i'r wlad a'r hyn sy'n gwneud i'w brodorion ymfalchïo yn y ffaith eu bod nhw'n bobl Seland Newydd. Ceir cannoedd o ddigwyddiadau mewn degau o leoliadau a fydd yn darlunio diwylliant, treftadaeth, adloniant, masnach, chwaraeon, crefftau, bwydydd a diodydd y wlad. Fel arfer cynhelir y digwyddiadau hyn i gyd-fynd â lleoliadau'r gêmau rygbi, ond bydd ardaloedd nad oes ganddyn nhw gysylltiad uniongyrchol â gêmau Cwpan y Byd yn rhan o'r jamborî fawr hon hefyd.

Ymhob un o leoliadau'r gwahanol gêmau bydd Parthau arbennig yn cael eu creu ar gyfer cefnogwyr (y 'Fanzones'). Mewn rhai ardaloedd ceir mwy nag un - e.e pedwar Parth yn Auckland a dau yn Wellington. Y bwriad yw creu canolfannau bywiog lle y gall y cefnogwyr gymdeithasu â'i gilydd wrth wylio gêmau ar sgrin fawr, neu wrth ddawnsio neu wrando ar gerddoriaeth fyw.

Go brin bod pobl unrhyw wlad yn rhoi mwy o bwys ar rygbi na brodorion Seland Newydd. Prawf o hynny yw'r ffaith fod gan y wlad un sianel deledu sy'n dangos gêmau rygbi yn unig ac y bydd pump o'i sianeli yn darlledu gêmau byw o Gwpan y Byd. Yn ehangach na hynny mae dyddiadau tymhorau holl ysgolion y wlad wedi cael eu newid yn 2011 i gyd-daro â threfniadau Cwpan y Byd.

Mae'r wlad ar dân o ran ei disgwyliadau ar gyfer Cwpan y Byd 2011 a bydd prysurdeb y misoedd nesa yn adlewyrchu ei hawydd i wneud y digwyddiad yn un arbennig iawn. Mae pobl Seland Newydd yn edrych ymlaen yn fawr at weld gweddill y byd yn mwynhau'r achlysur gyda nhw.

Y MEYSYDD CHWARAE

Gêmau Cymru

1) Sul, Medi 11 - Cymru v De Affrica
Stadiwm Rhanbarthol Wellington (Westpac)
(Te Whanga-nui-ā-Tara)
Mae Wellington ar begwn deheuol Ynys y Gogledd a hi yw prifddinas y wlad. Mae'n cael ei galw hefyd Y Ddinas Wyntog oherwydd ei lleoliad ar lan Culfor Cook.

Bydd saith gêm yn cael eu chwarae yma i gyd, gan gynnwys dwy gêm gogynderfynol. Mae'n bosib felly y bydd Cymru'n dychwelyd yma i chwarae yn y rownd gogynderfynol! Agorwyd y stadiwm yn 2000 ac mae'n cael ei alw weithiau'n Dun Teisen, oherwydd ei siâp crwn a'i liw arian. Bydd lle ynddo ar gyfer 40,000 o bobl yng ngêmau Cwpan y Byd ac mae'r seddau i gyd fel petaen nhw ar un llawr. Bydd y Crysau Duon yn chwarae yma'n rheolaidd ac mae'r stadiwm hefyd yn gartref i dîm yr Hurricanes yng nghynghrair y Super 14.

2) Sul, Medi 18 - Cymru v Samoa
    Sul, Hydref 2 - Cymru v Ffiji
Stadiwm Waikato, Hamilton (Kirikiriroa)
Mae Hamilton tua dwy awr o daith i'r de o Auckland a hi yw'r ddinas fwyaf yn Seland Newydd sydd ym mherfedd gwlad. Yma y bydd pencadlys tîm Cymru ar gyfer y gêmau rhagbrofol. Mae nifer sylweddol (20%) o frodorion yr ardal hon yn Faoriaid, a ymgartrefodd yma gyntaf 800 mlynedd yn ôl.

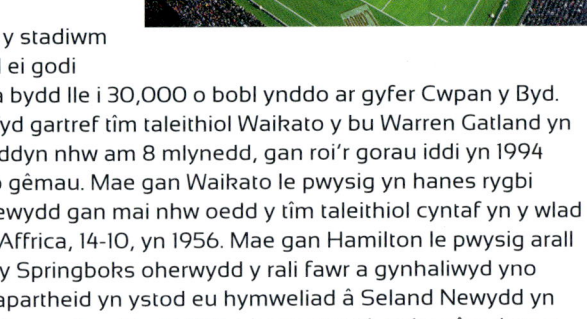

Cafodd y stadiwm presennol ei godi yn 2002 a bydd lle i 30,000 o bobl ynddo ar gyfer Cwpan y Byd. Dyma hefyd gartref tîm taleithiol Waikato y bu Warren Gatland yn chwarae iddyn nhw am 8 mlynedd, gan roi'r gorau iddi yn 1994 ar ôl 140 o gêmau. Mae gan Waikato le pwysig yn hanes rygbi Seland Newydd gan mai nhw oedd y tîm taleithiol cyntaf yn y wlad i guro De Affrica, 14-10, yn 1956. Mae gan Hamilton le pwysig arall yn hanes y Springboks oherwydd y rali fawr a gynhaliwyd yno yn erbyn apartheid yn ystod eu hymweliad â Seland Newydd yn 1981. Bryd hynny llwyddodd 350 o brotestwyr i atal y gêm rhwng Waikato a De Affrica rhag cael ei chwarae. Cynhelir tair gêm ragbrofol yn y stadiwm hwn.

3) Llun, Medi 26 - Cymru v Namibia
Stadiwm Taranaki, New Plymouth (Ngamotu)
Mae'r ddinas hon ar begwn gorllewinol Ynys y Gogledd, tua hanner ffordd rhwng Auckland a Wellington. Cafodd ei henwi ar ôl tref Plymouth gan mai oddi yno y daeth yr ymfudwyr Ewropeaidd cyntaf a laniodd yno yn 1841. Mae wedi'i lleoli yng nghysgod mynydd trawiadol Taranaki ac mae'n un o'r ychydig lefydd yn y byd lle mae'n bosib sgio a syrffio ar yr un diwrnod.

Cynhelir tair gêm ragbrofol yma. Mae'r stadiwm yn dal 25,500 o bobl a chafodd gwelliannau gwerth $1.5 miliwn (tua £750,000) eu gwneud iddo ar gyfer Cwpan y Byd. Câi ei alw tan yn ddiweddar yn Stadiwm Yarrow ar ôl dyn busnes lleol a oedd yn un o gymwynaswyr mawr y byd rygbi yn yr ardal. Mae'n gartref weithiau i dîm yr Hurricanes yng nghynghrair y Super 14. Mewn arolwg diweddar o feysydd rygbi gorau'r byd gan un o gylchgronau rygbi mwya dylanwadol Seland Newydd rhoddwyd y stadiwm hwn yn y trydydd safle. Stadiwm Taranaki oedd yr unig un o Seland Newydd ar y rhestr honno.

Bydd y gêmau rhagbrofol eraill yn cael eu chwarae ar y meysydd canlynol:

Stadiwm y Parc Rygbi, Invercargill
Stadiwm Rhyngwladol Rotorua
Stadiwm North Harbour, North Shore
Canolfan Digwyddiadau Northland, Whangarei
Parc Maclean, Napier
Stadiwm Otago, Dunedin
Arena Manawatu, Palmerston North
Parc Trafalgar, Nelson

Os gwnaiff Cymru orffen ar ben y grŵp (Grŵp D) ar ddiwedd y gêmau rhagbrofol, neu yn yr ail safle, byddant yn symud ymlaen i chwarae yn y rownd gogynderfynol yn Stadiwm Rhanbarthol Wellington.

Pe bai Cymru yn ennill eu gêm yn y rownd gogynderfynol, byddent yn chwarae eu gêm gyn-derfynol ym Mharc Eden, Auckland. Hefyd cynhelir y gêm i benderfynu'r tîm fydd yn y trydydd safle a'r rownd derfynol ym Mharc Eden.

Parc Eden, Auckland (Tāmaki-makau-rau)
Mae Auckland yn rhan ogleddol Ynys y Gogledd a hi yw'r ddinas fwyaf yn Seland Newydd. Ymgartrefodd y Maoriaid yma dros fil o flynyddoedd yn ôl ac mae'r ardal yn ymwybodol iawn o'i threftadaeth frodorol. Erbyn hyn tua 11% o'r boblogaeth sydd o dras Maori.

Parc Eden yw'r stadiwm mwyaf yn y wlad ac, yn y gorffennol, yma y chwaraewyd gêmau rygbi a chriced pwysicaf Seland Newydd. Cafodd weddnewidiad sylweddol a chostus ar gyfer Cwpan y Byd. Gwariwyd $240 miliwn (tua £120miliwn) er mwyn sicrhau y bydd 60,000 o bobl yn gallu mwynhau pob un o'r 11 gêm a gynhelir yma yn ystod Cwpan y Byd. Ym Mharc Eden, ar 22 Mai, 1987 y chwaraewyd y gêm gyntaf erioed i gael ei chynnal yng nghystadleuaeth Cwpan y Byd ac yno hefyd yr enillodd Seland Newydd y ffeinal y flwyddyn honno. Yn briodol iawn, felly, yma y bydd y gystadleuaeth yn dechrau ar 9 Medi, 2011 gyda gêm rhwng Seland Newydd a Tonga, ac yma y bydd yn gorffen, gyda'r rownd derfynol ar 23 Hydref.

HANES CWPAN Y BYD

Cafodd cystadleuaeth Cwpan Rygbi'r Byd ei chynnal gyntaf yn 1987 ond bu sôn am gynnal cystadleuaeth o'r fath ymhell cyn hynny. Credir bod yr awgrym cyntaf wedi dod gan chwaraewr o Awstralia 'nôl yn y 1950au ond yn 1968 cyhoeddodd yr Undeb Rygbi Rhyngwladol (IRB) na fyddai'n cefnogi'r fath ddatblygiad. Daeth cynnig arall o Awstralia, yn 1979, y dylid cynnal Cwpan y Byd yno yn 1988 i gyd-fynd â dathliadau daucanmlwyddiant y wlad, ond ddaeth dim o hynny.

Ym mis Mawrth 1983 rhoddodd yr IRB ystyriaeth i argymhelliad y dylai Prydain lwyfannu Cwpan y Byd ynghanol yr wythdegau ond yn ddiweddarach y flwyddyn honno daeth cynnig arall gan Awstralia ac yna un gan Seland Newydd. O ganlyniad, gwnaeth yr IRB arolwg o'r posibiliadau. Roedd gwledydd Prydain yn wreiddiol yn erbyn y syniad ond wedi i Awstralia, Seland Newydd, Ffrainc a De Affrica gefnogi cynnal Cwpan y Byd newidiodd gwledydd Prydain eu barn. Er bod De Affrica o blaid y fenter roedd y wlad honno, ar y pryd, wedi'i gwahardd rhag cystadlu oherwydd ei pholisi apartheid. Ar ôl llawer o drafod penderfynodd yr IRB y dylai Seland Newydd ac Awstralia ar y cyd gynnal cystadleuaeth Cwpan y Byd yn Seland Newydd yn 1987.

TWRNAMENT 1987 - SELAND NEWYDD

Cafodd saith o brif wledydd rygbi'r byd (ar wahân i Dde Affrica) le awtomatig yn y gystadleuaeth. Yna gwahoddwyd gwledydd eraill i wneud cais am le. Yn y diwedd cymerodd 16 o wledydd ran yn yr achlysur ac fe gafwyd gêmau cofiadwy. Codwyd y Cwpan gan gapten Seland Newydd, y mewnwr David Kirk, wedi i'w dîm guro Ffrainc 29-9, mewn gêm gyffrous iawn. Cymru ac Awstralia oedd y ddau dîm a gollodd yn y rowndiau cynderfynol ac yn y gêm a gynhaliwyd i benderfynu pa wlad fyddai'n gorffen yn y trydydd safle maeddodd Cymru y Wallabies 21-20. Hwnnw oedd perfformiad gorau Cymru erioed yng Nghwpan y Byd.

Y TLWS

Dewiswyd Cwpan Webb Ellis yn wobr i enillwyr Cwpan y Byd. Cafodd ei enwi ar ôl William Webb Ellis y credir ei fod wedi creu'r gêm rygbi yn 1823. Mae'n 18 centimedr o uchder â dolen naill ochr iddo. Mae wedi'i wneud o arian, wedi'i orchuddio ag aur, ac arno ysgrifennwyd y geiriau 'International Rugby Board' a 'The Webb Ellis Cup'.

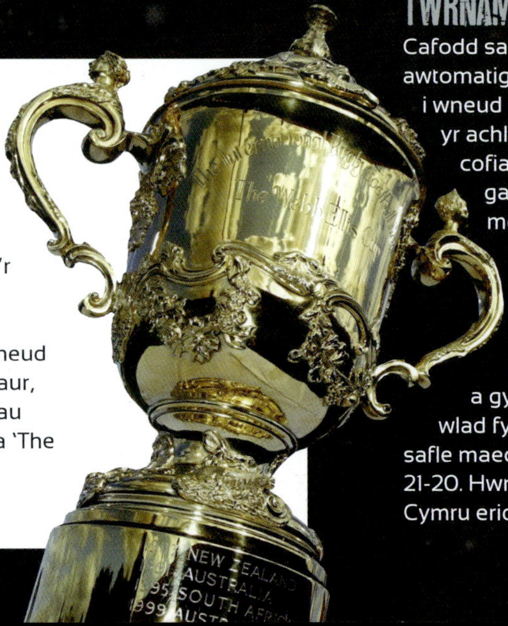

TWRNAMENT 1991 – LLOEGR

Unwaith eto, 16 o dimau oedd yn cymryd rhan ond y tro hwn cafodd yr wyth mwyaf llwyddiannus yng nghystadleuaeth 1987 eu derbyn yn awtomatig. Bu'n rhaid cynnal gêmau cymhwyso yn y cyfnod yn arwain at y rowndiau terfynol er mwyn gweld pa wledydd fyddai'n llenwi'r wyth lle arall. Fel y digwyddodd hi cafwyd yr un timau yng nghystadleuaeth 1991 ag a ymddangosodd yng Nghwpan y Byd 1987, ac eithrio Gorllewin Samoa yn lle Tonga. Roedd De Affrica wedi eu gwahardd o hyd.

Chwaraewyd chwe gêm ragbrofol yng Nghymru yn 1991, yng Nghaerdydd, Llanelli, Pontypridd a Phontypŵl. Cafodd Cymru gystadleuaeth siomedig iawn, gan fethu mynd i'r rownd gogynderfynol, ar ôl ennill un gêm yn unig yn ei grŵp. Enillwyd Cwpan Webb Ellis gan Awstralia ar ôl maeddu Lloegr yn y rownd derfynol yn Twickenham.

TWRNAMENT 1995 – DE AFFRICA

De Affrica oedd yn gartref i Gwpan y Byd yn 1995 ac, am y tro cyntaf, roedd y wlad honno yn cael cystadlu gan ei bod hi erbyn hynny wedi dileu ei pholisi apartheid. Hwn oedd y tro cyntaf hefyd i'r gystadleuaeth gyfan gael ei chynnal mewn un wlad. Unwaith eto, bu 16 o wledydd yn cystadlu ond y tro hwn roedd Tonga a'r Traeth Ifori yn lle Ffiji a Gorllewin Samoa.

Gan fod Cymru wedi methu cyrraedd y rownd gogynderfynol yng nghystadleuaeth 1991 roedd hi'n gorfod chwarae gêmau cymhwyso er mwyn sicrhau lle yn Ne Affrica. Ond unwaith eto methodd â chyrraedd y rownd gogynderfynol yng Nghwpan y Byd 1995, gan ennill un gêm yn unig.

Dyma'r twrnament a gyflwynodd ddoniau'r asgellwr anhygoel, Jonah Lomu, i'r byd. Roedd ei berfformiad yn erbyn Lloegr yn y rownd gynderfynol, pan sgoriodd bedwar cais, yn drydanol. Yn dilyn rownd derfynol llawn cynnwrf ac emosiwn, De Affrica a gipiodd Gwpan Webb Ellis ar ôl curo Seland Newydd 15-12. Cafwyd un o'r profiadau mwyaf cofiadwy yn hanes chwaraeon pan gerddodd Nelson Mandela, Arlywydd y wlad, i ganol Ellis Park, gan wisgo crys tîm De Affrica, i gyflwyno'r cwpan i Francois Piennar, capten y tîm.

TWRNAMENT 1999 - CYMRU

Dyma'r tro cyntaf i'r gystadleuaeth gael ei chynnal ers i rygbi, ar y lefel uchaf, droi'n gêm broffesiynol. Erbyn hyn roedd 20 tîm (yn lle 16) yn cystadlu yn y rowndiau terfynol, wedi eu rhannu'n bum grŵp o bedwar tîm, a phob un ohonyn nhw wedi ymddangos o'r blaen yng Nghwpan y Byd. Er mai Cymru oedd y wlad a gynhaliodd y twrnament yn swyddogol, chwaraewyd y rhan fwyaf o'r gêmau yn y gwledydd eraill oedd yn rhan o Bencampwriaeth y Pum Gwlad. Serch hynny cynhaliwyd y seremoni agoriadol, y gêm gyntaf a'r ffeinal yn Stadiwm y Mileniwm.

Yn y gêm gyntaf honno curodd Cymru yr Ariannin 23-18, gyda Colin Charvis yn sgorio cais cyntaf y twrnament. Y tro hwn cyrhaeddodd Cymru y rownd gogynderfynol, gan golli bryd hynny i Awstralia a aeth ymlaen i faeddu Ffrainc yn y ffeinal 35-12. Dyna oedd y tro cyntaf i unrhyw wlad ennill Cwpan Webb Ellis am yr eildro.

TWRNAMENT 2003 - AWSTRALIA

Roedd Cymru, gan iddi gyrraedd rownd y chwarteri yng Nghwpan y Byd 1999, yn un o wyth tîm a gafodd fynediad awtomatig i Gwpan y Byd 2003. Bu 81 o wledydd (mwy nag erioed o'r blaen) yn cystadlu am y 12 lle arall oedd ar gael ar gyfer y rowndiau terfynol ac am y tro cyntaf erioed cyrhaeddodd Georgia y rowndiau terfynol hynny. Cafodd y gystadleuaeth ei chynnal yn Awstralia a dyna'r tro cyntaf i wlad oedd yn dal Cwpan y Byd ar y pryd gynnal y twrnament wedyn ar ei thir ei hunan.

Y tro hwn roedd y rowndiau terfynol yn cynnwys pedair adran o bum tîm yr un ac am y tro cyntaf cyflwynwyd system o bwyntiau bonws i'r gêmau. Daeth Cymru yn ail yn ei grŵp ac, er iddi hi golli 53-37 i'r Crysau Duon yn ystod y gêmau grŵp, fe chwaraeodd rygbi o safon ddisglair dros ben am ran helaeth o'r gêm. Aeth ymlaen i wynebu Lloegr yn y rownd gogynderfynol ac unwaith eto cafwyd chwarae gwefreiddiol gan Gymru cyn iddi golli 28-17. Enillwyd y ffeinal gan Loegr, 20-17, yn erbyn Awstralia ar ôl gêm agos dros ben.

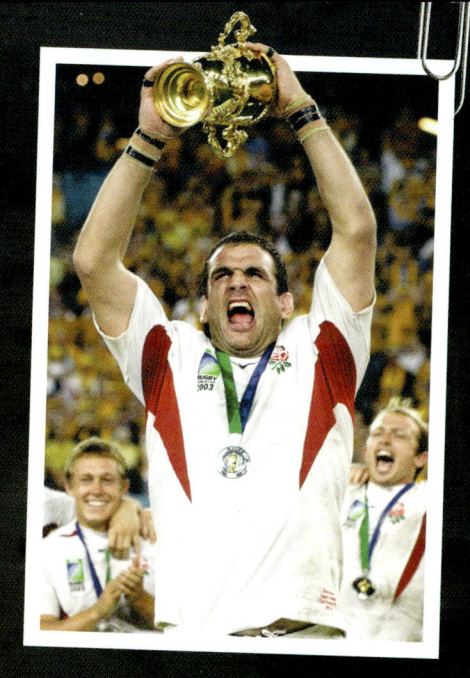

TWRNAMENT 2007 – FFRAINC

Ymddangosodd 20 gwlad yn y rowndiau terfynol a gafodd eu cynnal yn bennaf yn Ffrainc. Chwaraewyd 42 o gêmau yn y wlad honno, 4 o gêmau yn Stadiwm y Mileniwm a 2 gêm yn Murrayfield ac am y tro cyntaf erioed bu Portiwgal yn cymryd rhan yn y rowndiau terfynol hynny. Cafwyd perfformiad siomedig gan Gymru a gollodd i Awstralia a Ffiji yn y gêmau grŵp. Dyna'r unig dro mewn naw gornest iddi golli i Ffiji a aeth ymlaen i'r rownd gogynderfynol am y tro cyntaf ers 1987.

Y sioc fawr oedd bod Seland Newydd, o bosib y ffefrynnau ar gyfer ennill y Cwpan, am y tro cyntaf wedi methu cyrraedd y rownd gynderfynol. Collodd i Ffrainc yn y chwarteri, 18-20, yn Stadiwm y Mileniwm, o flaen torf o dros 71,000. Yn y rownd derfynol, De Affrica oedd yn fuddugol wrth iddi guro Lloegr 15-6.

Y Gemau

ADRAN A

Dyddiad	Gêm		Amser S.N.	Amser Cymru	Lleoliad	Stadiwm	Sgôr
9.9.11	Sel. New.	v Tonga	20.30	09.30	Auckland	Parc Eden	
10.9.11	Ffrainc	v Siapan	18.00	07.00	North Shore	North Harbour	
14.9.11	Tonga	v Canada	17.00	06.00	Whangarei	Canolfan Northland	
16.9.11	Sel. New.	v Siapan	20.00	09.00	Hamilton	Waikato	
18.9.11	Ffrainc	v Canada	20.30	09.30	Napier	Parc Maclean	
21.9.11	Tonga	v Siapan	19.30	08.30	Whangarei	Canolfan Northland	
24.9.11	Sel.New.	v Ffrainc	20.30	09.30	Auckland	Parc Eden	
27.9.11	Canada	v Siapan	17.00	05.00	Napier	Parc Maclean	
1.10.11	Ffrainc	v Tonga	18.00	06.00	Wellington	Stadiwm Rhanbarthol	
2.10.11	Sel. New.	v Canada	15.30	03.30	Wellington	Stadiwm Rhanbarthol	

ADRAN B

Dyddiad	Gêm		Amser S.N.	Amser Cymru	Lleoliad	Stadiwm	Sgôr
10.9.11	Yr Alban	v Rwmania	13.00	02.00	Invercargill	Parc Rygbi	
10.9.11	Yr Ariannin	v Lloegr	20.30	09.30	Dunedin	Otago	
14.9.11	Yr Alban	v Georgia	19.30	08.30	Invercargill	Parc Rygbi	
17.9.11	Yr Ariannin	v Rwmania	15.30	04.30	Invercargill	Parc Rygbi	
18.9.11	Lloegr	v Georgia	18.00	07.00	Dunedin	Otago	
24.9.11	Lloegr	v Rwmania	18.00	07.00	Dunedin	Otago	
25.9.11	Yr Ariannin	v Yr Alban	20.30	08.30	Wellington	Stadiwm Rhanbarthol	
28.9.11	Georgia	v Rwmania	19.30	07.30	Palmerston North	Arena Manawatu	
1.10.11	Lloegr	v Yr Alban	20.30	08.30	Auckland	Parc Eden	
2.10.11	Yr Ariannin	v Georgia	13.00	01.00	Palmerston North	Arena Manawatu	

ADRAN C

Dyddiad	Gêm		Amser S.N.	Amser Cymru	Lleoliad	Stadiwm	Sgôr
11.9.11	Awstralia	v Yr Eidal	15.30	04.30	North Shore	North Harbour	
11.9.11	Iwerddon	v U.D.A.	18.00	07.00	New Plymouth	Taranaki	
15.9.11	Rwsia	v U.D.A.	19.30	08.30	New Plymouth	Taranaki	
17.9.11	Awstralia	v Iwerddon	20.30	09.30	Auckland	Parc Eden	
20.9.11	Yr Eidal	v Rwsia	19.30	08.30	Nelson	Parc Trafalgar	
23.9.11	Awstralia	v U.D.A.	20.30	09.30	Wellington	Stadiwm Rhanbarthol	
25.9.11	Iwerddon	v Rwsia	18.00	06.00	Rotorua	Rotorua	
27.9.11	Yr Eidal	v U.D.A.	19.30	07.30	Nelson	Parc Trafalgar	
1.10.11	Awstralia	v Rwsia	15.30	03.30	Nelson	Parc Trafalgar	
2.10.11	Iwerddon	v Yr Eidal	20.30	08.30	Dunedin	Otago	

ADRAN D

Dyddiad	Gêm			Amser S.N.	Amser Cymru	Lleoliad	Stadiwm	Sgôr
10.9.11	Ffiji	v	Namibia	15.30	04.30	Rotorua	Rotorua	
11.9.11	De Affrica	v	Cymru	20.30	09.30	Wellington	Stadiwm Rhanbarthol	
14.9.11	Samoa	v	Namibia	14.30	03.30	Rotorua	Rotorua	
17.9.11	De Affrica	v	Ffiji	18.00	07.00	Wellington	Stadiwm Rhanbarthol	
18.9.11	Cymru	v	Samoa	15.30	04.30	Hamilton	Waikato	
22.9.11	De Affrica	v	Namibia	20.00	09.00	North Shore	North Harbour	
25.9.11	Ffiji	v	Samoa	15.30	03.30	Auckland	Parc Eden	
26.9.11	Cymru	v	Namibia	19.30	07.30	New Plymouth	Taranaki	
30.9.11	De Affrica	v	Samoa	20.30	08.30	North Shore	North Harbour	
2.10.11	Cymru	v	Ffiji	18.00	06.00	Hamilton	Waikato	

TREFN Y GÊMAU GOGYNDERFYNOL

	Dyddiad	Gêm	Amser S.N.	Amser Cymru	Lleoliad	Stadiwm	Sgôr
(GD1)	8.10.11	Gogynderfynol 1 1C v 1D	18.00	06.00	Wellington	Stadiwm Rhanbarthol	
(GD2)	8.10.11	Gogynderfynol 2 1B v 2A	20.30	08.30	Auckland	Parc Eden	
(GD3)	9.10.11	Gogynderfynol 3 1D v 2C	18.00	06.00	Wellington	Stadiwm Rhanbarthol	
(GD4)	9.10.11	Gogynderfynol 4 1A v 2B	20.30	08.30	Auckland	Parc Eden	

TREFN Y GÊMAU CYNDERFYNOL

	Dyddiad	Gêm	Amser S.N.	Amser Cymru	Lleoliad	Stadiwm	Sgôr
(CD1)	15.10.11	Cynderfynol 1 Enillydd GD1 v Enillydd GD2	21.00	09.00	Auckland	Parc Eden	
(CD2)	16.10.11	Cynderfynol 2 Enillydd GD3 v Enillydd GD4	21.00	09.00	Auckland	Parc Eden	

GÊM Y TRYDYDD SAFLE

Dyddiad	Gêm	Amser S.N.	Amser Cymru	Lleoliad	Stadiwm	Sgôr
21.10.11	Y Fedal Efydd Collwr CD1 v Collwr CD2	20.30	08.30	Auckland	Parc Eden	

Y FFEINAL

Dyddiad	Gêm	Amser S.N.	Amser Cymru	Lleoliad	Stadiwm	Sgôr
23.10.11	Y Gêm Derfynol Enillydd CD1 v Enillydd CD2	21.00	09.00	Auckland	Parc Eden	

Y Dyfarnwr - Nigel Owens

Ro'n i'n arbennig o falch fy mod i wedi ca'l fy newis i ddyfarnu yng Nghwpan y Byd 2011. Ro'n i hefyd wedi gwneud y gwaith 'ny yn 2007. Ond er 'mod i wedi dringo ysgol y dyfarnwyr yn ystod y cyfnod yn arwain at gystadleuaeth 2007, do'n i ddim yn meddwl y basen i wedi codi i safle digon uchel i fod ymhlith y 12 dyfarnwr fyddai ar ddyletswydd yn Ffrainc. Ond fe ges i fy newis ac fe ges i amser wrth fy modd yno, er 'mod i damed bach yn siomedig na ches i ofalu am ambell i gêm rhwng rhai o'r gynnau mawr.

Rwy llawer mwy profiadol erbyn hyn, wrth gwrs, ond hyd yn oed wedyn doedd dim sicrwydd 'mod i'n mynd i ga'l fy newis. Wedi'r cyfan fe gafodd ambell i ddyfarnwr o safon, fel Alan Lewis, Stuart Dickinson, Mark Lawrence a Marius Jonker, eu hanwybyddu ar gyfer Cwpan y Byd 2011. Er cymaint rwy'n edrych ymlaen at fwrw iddi yn Seland Newydd, rwy'n teimlo rywsut y bydd mwy o bwysau arna i i neud yn dda y tro hwn. A finne falle yn gymharol ddibrofiad yn 2007, dodd y disgwyliadau ddim cymaint falle. Er hynny fe ges i bleser arbennig o ddeall bryd hynny mai'r marc ges i am ddyfarnu'r gêm rhwng Georgia a'r Ariannin yn 2007 oedd yr un uchaf a gafodd unrhyw ddyfarnwr yn ystod yr holl gystadleuaeth.

Dewiswyd deg dyfarnwr ar gyfer cystadleuaeth 2011 (roedd 12 yng Nghwpan y Byd 2007) a byddwn ni i gyd yn dyfarnu pedair gêm yr un yn y rowndiau rhagbrofol. Yn ystod y tair wythnos honno bydda i hefyd yn rhedeg y llinell mewn tair gêm a bydd Cymro arall, Tim Hayes, yn llumanwr mewn

Nigel Owens

Y chwaraewr a'r hyfforddwr - Robin McBryde

Mae gen i atgofion melys fel chwaraewr o Gwpan y Byd 2003 yn Awstralia, a hynny am sawl rheswm. Er i dîm Cymru fethu â mynd ymhellach na'r rownd gogynderfynol, fe ddaru ni chwarae rygbi cyffrous iawn yn ystod y gystadleuaeth. Yn wir, basa'r rhan fwyaf o gefnogwyr a dilynwyr y gêm yn cytuno mai dyna'r rygbi gorau ro'n ni wedi'i chwarae ers tipyn. Falle ddaru'r canlyniadau yn y pen draw ddim mynd o'n plaid ni ond yn sicr fe wnaeth ein ffordd ni o chwarae ennill canmoliaeth fawr, a hynny ledled y byd.

Atyniad mawr Cwpan Rygbi'r Byd i bob chwaraewr yw eu bod nhw'n cael cyfle i brofi eu hunain mewn cyfres o gêmau dros gyfnod cymharol fyr, yn erbyn goreuon y gamp ac ar lwyfan byd-eang. Mae hyn yn golygu tynnu ar sgiliau, dycnwch, ffitrwydd ac agwedd meddwl ar y lefel uchaf un. Ddaru mi fwynhau'r sialens honno'n fawr ac ro'n i'n hapus â'r ffordd ro'n i'n bersonol wedi chwarae. Yn wir, yr hyn roddodd y boddhad mwya i mi o'dd cael 'y newis yn Chwaraewr Gorau Carfan Cymru gan y tîm hyfforddi. Roedd cael clod felly gan Steve Hansen a'i griw yn goron i mi ar daith bleserus tu hwnt, yr un ddaru mi fwynhau ora o'r holl deithiau rygbi rwy wedi bod arnyn nhw. Roedd y bywyd cymdeithasol ar y daith a'r ffordd wnaeth y garfan gyd-dynnu hefyd wedi cyfrannu'n fawr at wneud Cwpan y Byd 2003 yn achlysur cofiadwy iawn.

Roedd fy mhrofiad i o Gwpan y Byd 2007 braidd yn siomedig a ninnau wedi methu mynd ymhellach na'r gêmau rhagbrofol. Y tro hwnnw ro'n i'n rhan o'r tîm hyfforddi, gyda chyfrifoldeb arbennig am baratoi'r blaenwyr o ran y chwarae gosod yn benodol. Does dim un profiad yn y byd rygbi cystal â chwarae ond roedd yr awydd i wneud yn dda ac i brofi fy hun ar y lefel ucha, ond mewn maes cymharol newydd i mi y tro hwnnw, yr un mor gryf ag yr oedd yn 2003. Mewn gwirionedd fe wnaeth y blaenwyr yn dda yn y gêmau rhagbrofol gan sicrhau digon o feddiant ac ro'n i'n edrych ymlaen at eu gweld nhw'n wynebu pac De Affrica yn y chwarteri. Yn anffodus, gan i ni golli i Ffiji, y hi aeth ymlaen i chwarae yn erbyn y Boks. Roedd pobl wedi meddwl y dylen ni fod wedi curo Ffiji'n weddol hawdd ond roedd y ffaith iddi ddod o fewn trwch blewyn i guro De Affrica, a aeth ymlaen i ennill Cwpan y Byd wrth gwrs, yn brawf ynddo'i hunan o rhai o'r gêmau. O'r gêmau rhagbrofol hynny y bydda i'n gofalu amdanyn nhw, yr un rwy'n edrych ymlaen fwya at ei dyfarnu yw'r un rhwng De Affrica a Ffiji, gan obeithio'n fawr y bydd fy mherfformiad i yn honna, a'r tair gêm arall, yn ddigon da i fi ga'l fy newis i ddyfarnu rhagor y tu hwnt i'r gêmau grŵp. Yn sicr, rwy'n gobeithio'n fawr na fydda i ymhlith y pedwar dyfarnwr a fydd yn gorfod gadael y gystadleuaeth ar ddiwedd y tair wythnos gynta!

Mae'r ffaith y bydd llai o ddyfarnwyr wrthi yn Seland Newydd yn golygu y byddwn ni'n fwy bisi nag oe'n ni yng Nghwpan y Byd 2007. Yn hynny o beth mae'n dda 'y mod i, y dyddie hyn, yn fwy ffit nag yr o'n i'r adeg honno. Rwy hefyd wedi colli dwy stôn o bwysau ac yn y cyfamser bydd 'da fi ddigon o gêmau i gadw 'nhrwyn i ar y maen, e.e. bydda i'n dyfarnu tair gêm yng Nghwpan Churchill yn ystod yr haf a'r gêm baratoi rhwng Iwerddon a Lloegr. Felly erbyn mis Medi bydda i'n barod amdani!

DYFARNWYR A LLUMANWYR CWPAN Y BYD 2011

Dyfarnwyr
Nigel Owens, Cymru
Wayne Barnes, Lloegr
Dave Pearson, Lloegr
George Clancy, Iwerddon
Alain Rolland, Iwerddon
Romain Poite, Ffrainc
Bryce Lawrence, Seland Newydd
Craig Joubert, De Affrica
Jonathan Kaplan, De Affrica
Steve Walsh, Awstralia

Llumanwyr
Tim Hayes, Cymru
Stuart Terheege, Lloegr
*Jerome Garces, Ffrainc

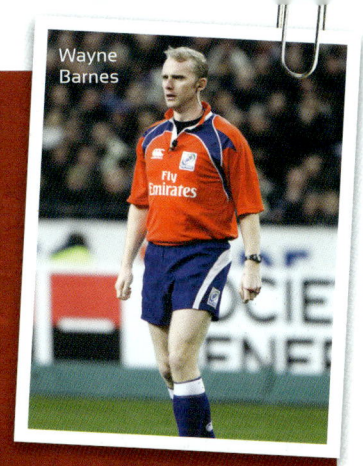

Simon McDowell, Iwerddon
Carlos Damasco, Yr Eidal
Vinny Munro, Seland Newydd
*Chris Pollock, Seland Newydd

*Yn eilyddion dyfarnu yn ogystal

Wayne Barnes

---

ba mor dda oedd y tîm hwnnw. Eto i gyd fe ddylen ni fod wedi ennill yn eu herbyn nhw. Yn anffodus roedd ein tactegau ni ar y diwrnod yn gweddu i'r dim i arddull rydd, agored y Ffijïaid. Fe osododd ein blaenwyr ni sylfaen ddigon cadarn i ni gael digon o feddiant ar y diwrnod, ond yn lle canolbwyntio ar chwarae'n ddisgybledig a chadw'r bêl yn dynn fe ddaru ni drio rhedeg y bêl o bob man.

Ond mae'n braf iawn meddwl y bydd cyfle cyn bo hir yn Seland Newydd i drio cywiro camgymeriadau 2007, yn enwedig yn erbyn Ffiji yn y gêmau rhagbrofol unwaith eto. Er eu bod nhw'n hoff o daflu'r bêl o gwmpas mae'n nhw'n fechgyn caled corfforol, fel yn wir y mae tîm Samoa, ac fe fyddwn ni wedi paratoi'n drylwyr ar gyfer hynna. Dy'n ni ddim chwaith yn diystyru Namibia er mai hi, o bob gwlad fydd yn y rowndiau rhagbrofol, yw'r un yn y safle isa ar restr goreuon yr IRB. Ond wrth gwrs mae'n debyg mai'r her fwyaf fydd y gêm gyntaf honno yn erbyn De Affrica. Falle ei bod hi'n fantais ein bod ni'n cyfarfod y Boks cyn iddyn nhw gael eu traed odanyn nhw'n iawn! Ar ôl dweud hynny, yn y blynyddoedd diwetha mae Cymru wedi cael perfformiadau digon calonogol yn erbyn De Affrica. Er iddi golli'r tair gêm ddiwethaf rhyngddi a'r Boks, dim ond cyfanswm o 12 pwynt oedd yn gwahanu'r ddwy wlad dros y tair gêm honno. Bellach rwy'n edrych ymlaen yn fawr at yr ornest nesa yn eu herbyn nhw, ac yn erbyn sawl gwlad arall gobeithio, yn ystod Cwpan y Byd 2011 yn Seland Newydd!

Robin McBryde

SELAND NEWYDD

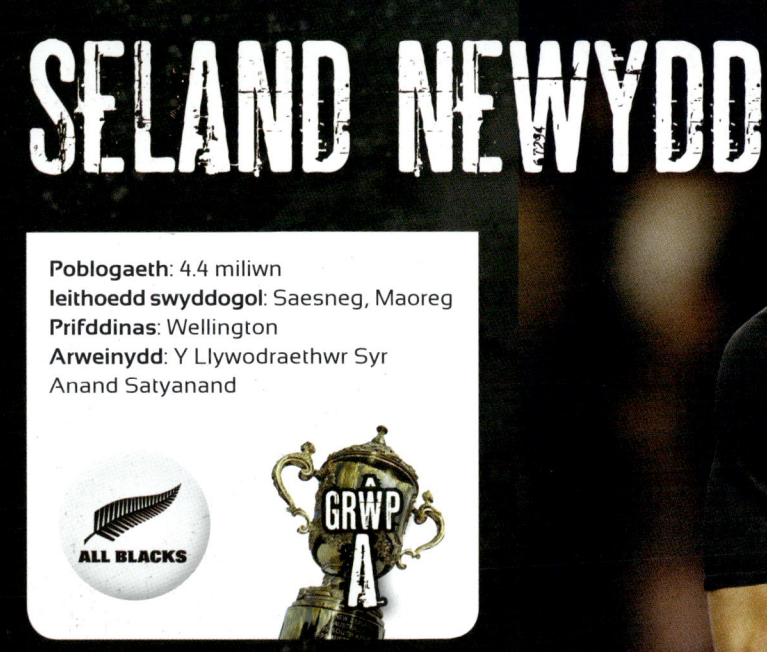

Poblogaeth: 4.4 miliwn
Ieithoedd swyddogol: Saesneg, Maoreg
Prifddinas: Wellington
Arweinydd: Y Llywodraethwr Syr Anand Satyanand

GRŴP A

Hanes

Chwaraewyd y gêm am y tro cyntaf yn 1870 pan ddaeth myfyriwr 'nôl i Goleg Nelson ar ôl bod yn astudio yn Llundain. Ymhen pum mlynedd cynhaliwyd gêm rhwng dwy o daleithiau'r wlad ac yn 1884 aeth tîm answyddogol, yn cynrychioli Seland Newydd, i chwarae yn New South Wales. Cafwyd y daith dramor swyddogol gyntaf i'r un lle yn 1894.

Ar daith i Brydain yn 1905-06 rhoddwyd yr enw Crysau Duon ar y tîm, gan mai dyna pryd y gwisgodd y chwaraewyr y crys du enwog, gyda'r rhedynen arian ar y frest, am y tro cyntaf erioed. Byth ers hynny bu'n un o'r gwledydd cryfaf yn y byd rygbi.

Rygbi yw prif gamp y wlad ac mae 126,000 o ddynion, mewn 595 o glybiau, yn chwarae'r gêm yno. Hi sydd ar frig rhestr yr IRB o wledydd rygbi gorau'r byd, safle y bu'n ei ddal yn gyson yn ystod y blynyddoedd diwethaf.

Dan Carter

YR HYFFORDDWR
Graham Henry

Bu'n hyfforddi Cymru am bedair blynedd rhwng 1998 a 2002. Wedi llwyddiant arbennig i ddechrau, pan gafodd Cymru 11 buddugoliaeth yn olynol, ymddiswyddodd ar ôl rhediad o ganlyniadau siomedig. Daeth yn hyfforddwr ar y Crysau Duon yn 2003 a chafodd ei ddewis yn Hyfforddwr Gorau'r Flwyddyn gan yr IRB yn 2005 a 2006. Ers ei benodiad estynnwyd ei gytundeb ddwy waith gan Undeb Rygbi Seland Newydd.

Graham Henry

GWYLIWCH RHAIN

Dan Carter

Y maswr gorau yn y byd, yn ôl y farn gyffredin. Mae'n rhedwr twyllodrus ac yn giciwr ardderchog. Mae'n frodor o Christchurch, er bod ei dad-cu'n dod o Tonga, ac mae'n chwarae i dimau Canterbury a'r Crusaders. Chwaraeodd ei gêm gyntaf i'r Crysau Duon yn 2003 yn erbyn Cymru, gan sgorio 20 pwynt. Ar hyn o bryd mae'n frwydr rhyngddo ef a Jonny Wilkinson i fod yn brif sgoriwr pwyntiau'r byd. Yn 2005 cafodd ei ddyfarnu'n Chwaraewr Gorau'r Flwyddyn gan yr IRB.

Jonah Lomu

Asgellwr mawr, hynod o gryf a chyflym, a enillodd 63 cap dros ei wlad, ar ôl chwarae iddi am y tro cyntaf yn 1994 ac yntau'n 19 oed, yr ieuengaf erioed i chwarae dros y Crysau Duon. Ef oedd y chwaraewr rygbi cyntaf i fod yn seren fyd-eang. Oherwydd diffyg ar ei arennau, salwch yr oedd wedi bod yn dioddef ohono ers rhai blynyddoedd, bu'n rhaid iddo gael trawsblaniad yn 2004. Y flwyddyn wedyn bu'n chwarae i glwb Gleision Caerdydd am bum mis. Cyhoeddodd yn 2007 ei fod yn ymddeol fel chwaraewr ond ar gyfer 2009-10 ymunodd â chlwb Marseille yn y drydedd adran yn Ffrainc, fel wythwr.

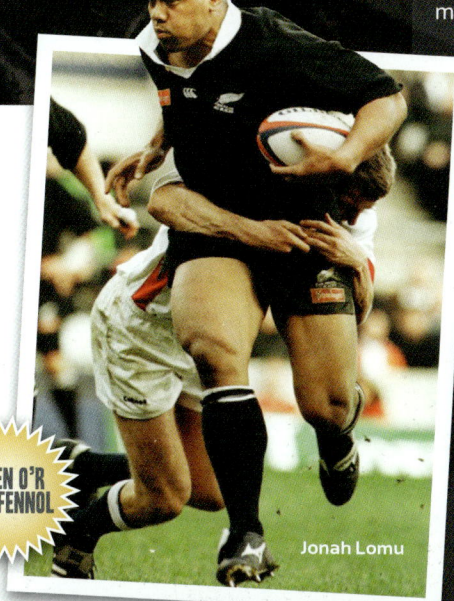

Mils Muliaina

Cefnwr 32 oed sydd wedi sgorio 32 cais mewn 94 o gêmau prawf. Mae'n amddiffynnwr cadarn ac yn ymosodwr treiddgar iawn. Cafodd ei eni yng Ngorllewin Samoa ond symudodd ei rieni i Seland Newydd pan oedd yn ifanc iawn. Yn 2002 enillodd Fedal Aur gyda thîm saith bob ochr Seland Newydd yng Ngêmau'r Gymanwlad ym Manceinion.

Mils Muliaina

SEREN O'R GORFFENNOL

Jonah Lomu

Y daith

Roedd gan y Crysau Duon le awtomatig yn rowndiau terfynol Cwpan y Byd 2011. Bu'r flwyddyn ddiwethaf unwaith eto yn un lwyddiannus iawn i'r tîm. Enillodd Gystadleuaeth y Tair Gwlad heb golli'r un gêm, ac yn yr hydref cyflawnodd y gamp lawn yn erbyn timau gwledydd Prydain am y pedwerydd tro yn ei hanes.

Record

Er gwaethaf holl lwyddiant y Crysau Duon dros y blynyddoedd, record siomedig sydd ganddyn nhw yng Nghwpan y Byd. A hwythau fel arfer yn ffefrynnau i ennill y Cwpan, dim ond un waith y gwnaethon nhw hynny, sef yn y gystadleuaeth gyntaf yn 1987. Yn 1995 collodd Seland Newydd yn y ffeinal yn erbyn Ffrainc ac yn 2007 cafodd ei maeddu gan y wlad honno yn rownd yr wyth olaf. Yn y tair cystadleuaeth arall colli yn y rownd gynderfynol oedd ei hanes.

A wyddoch chi?

Cyn i ymfudwyr o Ewrop gyrraedd Seland Newydd dros ddwy ganrif yn ôl byddai'r Maoriaid yn chwarae gêm o'r enw *ki-o-rahi* oedd yn debyg i rygbi a phêl-droed rheolau Awstralia.

Mae'r *haka* a berfformir gan dîm y Crysau Duon cyn pob gêm yn seiliedig ar un o ddawnsfeydd rhyfel traddodiadol y Maoriaid. Ond eto cynhelir fersiynau llai ffyrnig o'r haka i groesawu gwesteion nodedig i'r wlad, neu i gydnabod achlysuron arbennig.

19

TONGA

Poblogaeth: 105,000, yn byw ar 52 o ynysoedd.
Prif ieithoedd: Tongeg, Saesneg
Prifddinas: Nuku'alofa
Arweinydd: Y Brenin Siôr Tupou V

GRŴP A

Kisi Pulu

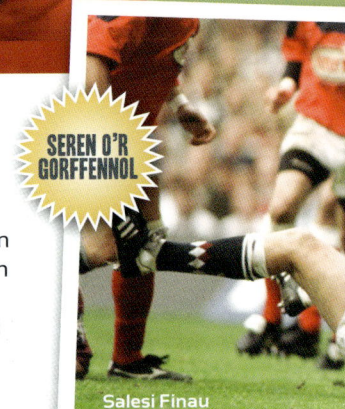

Hanes

Morwyr a chenhadon, yn gynnar yn yr 20fed ganrif, ddaeth â rygbi i Tonga. Ffurfiwyd Undeb Rygbi Tonga yn 1923 a'r flwyddyn wedyn chwaraeodd ei gêm ryngwladol gyntaf yn erbyn Ffiji. Yn yr 1970au cynnar dechreuodd chwarae yn erbyn rhai o brif wledydd rygbi'r byd ac yn 1973 cafodd ei buddugoliaeth fwyaf nodedig eto, pan gurwyd Awstralia. Yn 1974 aeth ar ei thaith dramor gyntaf, i Brydain, a maeddu tîm Dwyrain Cymru. Er mai rygbi yw prif gamp y wlad, collodd lawer o chwaraewyr ifanc i wledydd fel Seland Newydd ac Awstralia ac mae nifer helaeth o'r garfan genedlaethol yn chwarae i glybiau tramor. Yn ôl yr IRB mae tua 800 o ddynion y wlad yn chwaraewyr cofrestredig. Llysenw'r tîm yw '*Ikale Tahi*, sef Eryrod y Môr.

Salesi Finau

Canolwr a fu'n chwarae rygbi'r undeb a rygbi'r gynghrair dros ei wlad sawl gwaith a bu'n cynrychioli Tonga yn rowndiau terfynol Cwpan y Byd yn y ddwy gamp honno. Ymunodd â chlwb rygbi'r gynghrair Warrington ar ôl bod yn chwarae am flynyddoedd yn Awstralia. Yna, yn 1998, daeth yn aelod o glwb y Scarlets lle bu'n ffefryn mawr am chwe blynedd. Ar y cae roedd yn chwaraewr caled, digyfaddawd ond oddi arno roedd yn ŵr mwyn a diymhongar ac yn gapelwr selog ar y Sul.

SEREN O'R GORFFENNOL

Salesi Finau

GWYLIWCH RHAIN

Tonga Lea'aetoa

Cawr o brop, 34 oed, sy'n pwyso dros 19 stôn ac yn 6 throedfedd o daldra, a fu'n cynrychioli ei wlad yn rheolaidd ers 2002. Cafodd ei eni yn Seland Newydd a'i fagu yn Awstralia gan rieni oedd yn frodorion o Tonga. Yn 16 oed aeth i ysgol breswyl yn Auckland, lle y dechreuodd chwarae rygbi. Ar ôl chwarae yn Awstralia am gyfnod, bu'n aelod selog o bac y Gwyddelod yn Llundain am rai blynyddoedd, gan adael yn 2009. Bellach mae'n chwarae i Bayonne ym mhrif gynghrair Ffrainc.

Kisi Pulu

Prop arall, 32 oed, a fu hefyd yn chwarae i'w wlad ers 2002 gan ymddangos yng Nghwpan y Byd 2003 a 2007. Mae'n aelod o dîm Perpignan a bu'n chwarae am gyfnod i Coventry. Pan oedd yn 19 oed cafodd malaria a dywedwyd wrtho ar y pryd na fyddai byw am fwy na dwy flynedd.

Tonga Lea'aetoa

YR HYFFORDDWR

Isitolo Maka

Cafodd Isitolo Maka ei eni yn Tonga ond symudodd i Seland Newydd pan oedd yn ifanc. Cynrychiolodd dîm y Crysau Duon bedair gwaith yn 1998 a bu'n aelod o rai o dimau mwyaf nodedig Seland Newydd. Bu hefyd yn chwarae yn Siapan a Ffrainc. Cafodd ei benodi'n hyfforddwr y tîm cenedlaethol y llynedd ar ôl cyfnod yn gofalu am dîm dan 19 y wlad.

Y daith

Gan iddi orffen yn drydydd yn ei grŵp yn rowndiau rhagbrofol Cwpan y Byd 2007 cafodd le awtomatig yng nghystadleuaeth 2011. Yn ystod hydref 2010 cafodd fuddugoliaeth yn erbyn tîm Barbariaid Ffrainc, oedd yn cynnwys nifer helaeth o sêr y tîm cenedlaethol, a hefyd tîm A yr Eidal. Mae hi yn safle 17 ar restr yr IRB o wledydd rygbi gorau'r byd.

Record

Ymddangosodd Tonga ym mhob Cwpan y Byd ac eithrio'r un a gynhaliwyd yn 1991. Er mai record digon siomedig sydd ganddi, fe lwyddodd i ddychryn rhai o brif wledydd y byd ar sawl achlysur. Dim ond dwy gêm enillodd hi yn y cystadlaethau a gynhaliwyd rhwng 1987 a 2003, ond yn 2007 maeddodd hi Samoa ac UDA, gan golli i Dde Affrica, a aeth ymlaen i ennill y Cwpan, o bum pwynt yn unig,

A wyddoch chi?

Cyn pob gêm bydd tîm Tonga yn perfformio'r *Sipi Tau*, ffurf ar y *Kailao*, sy'n ddawns ryfel draddodiadol. Bydd y ddawns yn cael ei pherfformio hefyd mewn seremonïau preifat a chyhoeddus yn y wlad.

Mae chwaraewyr Tonga yn aml yn cael yr enw o fod yn euog o chwarae peryglus. Mewn gêm yn ystod taith tîm Cymru i'r wlad yn 1986, yn dilyn tacl uchel gan un o dîm Tonga, cafwyd ymladd mawr. Yn y cinio ar ôl y gêm, pan ofynnwyd i Jonathan Davies ddweud gair yn y Gymraeg, fe ddisgrifiodd e dîm Tonga fel yr un mwyaf brwnt roedd e wedi chwarae yn ei erbyn erioed. Mae'n debyg iddo gael cymeradwyaeth frwd gan gynrychiolwyr Tonga, oedd yn meddwl ei fod e'n canmol y tîm cartref!

21

FFRAINC

Poblogaeth: 65,800,000
Prif iaith: Ffrangeg
Prifddinas: Paris
Arlywydd: Nicolas Sarkozy

GRŴP A

Hanes

Credir bod rygbi wedi dechrau yn y wlad pan ddaeth mewnfudwyr o Brydain, oedd yn byw yn Le Havre, at ei gilydd yn 1872 i chwarae'r gêm. Yn y blynyddoedd dilynol ffurfiwyd nifer o glybiau, yn enwedig gan fyfyrwyr. Chwaraeodd y wlad yng Ngêmau Olympaidd 1900 ac yna cafodd ei gêm brawf swyddogol gyntaf yn erbyn y Crysau Duon yn 1906. Wedi hynny cafwyd gêmau yn erbyn gwledydd Prydain ac yn 1910 ffurfiwyd Pencampwriaeth y Pum Gwlad. Yn 1959 enillodd y bencampwriaeth honno ar ei phen am y tro cyntaf. Ers yr adeg honno bu'n rheolaidd yn un o'r goreuon yn y gystadleuaeth ac yn enwog am ei dull cyffrous o chwarae. Ceir 1,720 o glybiau drwy'r wlad ar gyfer 273,000 o chwaraewyr. Mae'r timau gorau, ac eithrio'r ddau sydd ym Mharis, i gyd wedi'u lleoli yn hanner deheuol y wlad. Llysenw'r tîm yw *Les Bleus*, sef y Gleision.

YR HYFFORDDWR

Marc Lièvremont

Enillodd Marc Lièvremont 25 cap fel blaenasgellwr i'w wlad cyn mentro i faes hyfforddi, yn gyntaf gyda thîm dan 21 ei wlad ac wedyn gyda thîm Dax, yn Uwch-gynghrair Ffrainc. Yn 2007 cafodd ei benodi'n hyfforddwr y tîm cenedlaethol. Cymysg iawn fu ei gyfnod wrth y llyw ac yntau'n cael ei feirniadau'n gyson am bolisi anwadal wrth ddewis ei chwaraewyr. Cafodd lwyddiant mawr yn 2010 pan enillodd ei dîm y Gamp Lawn ond siomedig fu canlyniadau pencampwriaeth 2011.

Serge Blanco

Cefnwr, oedd yn un o'r chwaraewyr mwyaf cyffrous i chwarae i'w wlad erioed. Doedd e ddim yn enwog am ei waith amddiffyn ond roedd yn rhedwr gwefreiddiol a chelfydd. Chwaraeai i Biarritz o 1974 i 1992 ac enillodd 91 o gapiau dros ei wlad, gan sgorio 38 cais. Disgleiriodd yng Nghwpan y Byd 1987 ac ef oedd capten Ffrainc yng nghystadleuaeth 1991. Er y byddai, yn ôl y sôn, yn smygu 75 sigarét y dydd roedd yn un o'r chwaraewyr mwyaf heini yn nhîm Ffrainc.

Cafodd lawdriniaeth fawr yn 50 oed, ar ôl cael trawiad ar ei galon.

Serge Blanco

SEREN O'R GORFFENNOL

Y daith

Cafodd Ffrainc le awtomatig yn rowndiau terfynol Cwpan y Byd 2011 ond cafwyd ambell siom yn ystod y cyfnod paratoi, er enghraifft colli o dros 40 pwynt yn erbyn De Affrica a'r Ariannin yn ystod haf 2010 a chael cweir 59-16 gan Awstralia ddiwedd Tachwedd. Ym Mhencampwriaeth y Chwe Gwlad yn 2011 gorffennodd yn ail ar ôl colli'n gwbl annisgwyl i'r Eidal am y tro cyntaf yn ei hanes. Mae'n bumed ar restr goreuon yr IRB.

Record

Mae Ffrainc wedi chwarae yn rowndiau terfynol pob Cwpan y Byd ers y dechrau. Nid yw wedi ennill y Cwpan erioed ond cyrhaeddodd y ffeinal ddwy waith, yn 1987 yn erbyn y Crysau Duon ac yn 1999 yn erbyn Awstralia. Collodd yn y rownd gynderfynol yn 1995, 2003 a 2007 a chafodd ei maeddu gan Loegr yn y chwarteri yn 1991.

A wyddoch chi?

Cafodd Ffrainc ei diarddel o Gystadleuaeth y Pum Gwlad yn 1934 am fod, ymhlith rhesymau eraill, ei chwarae yn rhy ffyrnig ac yn 1961 methwyd â chwblhau gêm rhyngddi hi a'r Springboks ym Mharis oherwydd ymladd mawr ar y cae.

Dewiswyd y ceiliog Ffrengig fel symbol ar y crys cenedlaethol gan chwaraewyr y tîm ar ôl eu buddugoliaeth gyntaf yn erbyn yr Alban yn 1911. Ystyrid ei fod yn aderyn cystadleuol, ymosodol a balch.

Morgan Parra

Maxine Mermoz

GWYLIWCH RHAIN

Morgan Parra

Mewnwr 22 oed o glwb Clermont a chwaraeodd ei gêm gyntaf dros ei wlad dair blynedd yn ôl. Mae bellach yn ddewis cyntaf i'r tîm cenedlaethol a daeth yn hysbys am ei weledigaeth graff a'i basio cyflym ac effeithiol. Ef bellach yw prif giciwr y tîm ac enillodd yr enw 'le petit général' gan gyd-chwaraewyr am y ffordd y bydd yn gweiddi gorchmynion ar ei flaenwyr!

Maxime Mermoz

Canolwr 25 oed a gafodd gyfnod disglair iawn yn y tîm dan 21 ychydig flynyddoedd yn ôl. Mae'n un o chwaraewyr mwyaf creadigol y tîm cenedlaethol ond, gwaetha'r modd, ers ei gêm gyntaf dros ei wlad yn 2008, cafodd ei blagio gan anafiadau. Mae'n chwarae i glwb Perpignan.

23

CANADA

Poblogaeth: 34,500,000
Prif ieithoedd: Saesneg a Ffrangeg
Prifddinas: Ottawa
Llywodraethwr: David Lloyd Johnston

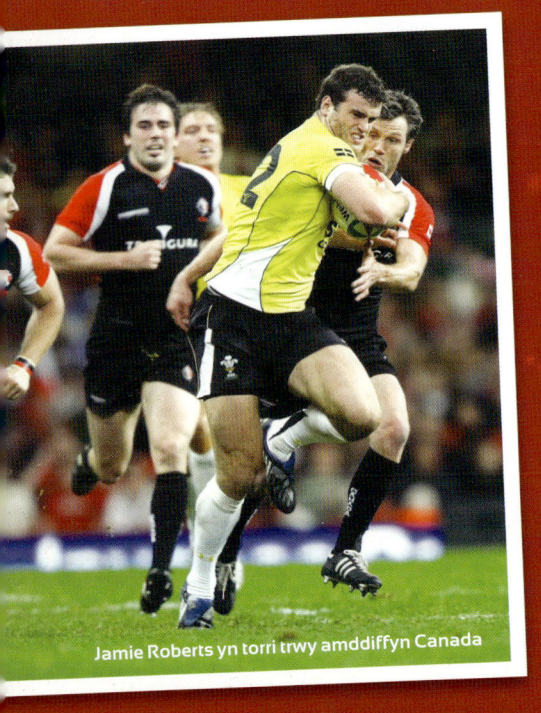

GRŴP A

Hanes

Honnir mai ymfudwyr o Brydain a chynrychiolwyr byddin a llynges Prydain a gyflwynodd rygbi i'r wlad, yn Halifax, Nova Scotia a British Columbia. Cafwyd y gêm gyntaf yn 1864 rhwng criw o filwyr. Ffurfiwyd clwb Montreal yn 1868, y cyntaf yn y wlad.

Gan fod Canada yn wlad mor fawr ac yn cael cymaint o dywydd drwg am ran helaeth o'r flwyddyn doedd hi ddim yn hawdd i rygbi ffynnu yno. Ni fu llawer o lewyrch ar y gêm yno tan ar ôl yr Ail Ryfel Byd. Cafodd ei derbyn yn aelod o'r IRB yn 1974 a bellach ceir 23,000 o ddynion yn chwarae'r gêm mewn 296 o glybiau ac mae yn safle 14 ar restr goreuon yr IRB. Mae tua chwarter y garfan genedlaethol yn chwarae'n broffesiynol mewn gwledydd tramor. Llysenw'r tîm yw y Canucks.

Jamie Roberts yn torri trwy amddiffyn Canada

YR HYFFORDDWR
Kieran Crowley

Cafodd Kieran Crowley ei benodi yn 2008. Mae'n gyn-gefnwr i'r Crysau Duon a enillodd 19 cap ers ei ymddangosiad cyntaf yn 1987. O 1998 i 2007 bu'n hyfforddi tîm taleithiol Taranaki ac yn 2007 ef oedd hyfforddwr tîm o dan 19 Seland Newydd pan enillon nhw Bencampwriaeth y Byd. Roedd yn un o ddewiswyr y Crysau Duon 2002-03.

Y Daith

O blith yr wyth tîm oedd yn gorfod chwarae gêmau cymhwyso i gystadlu yn y rowndiau terfynol yn Seland Newydd, Canada oedd y cyntaf i sicrhau ei lle. I wneud hynny roedd yn rhaid iddi guro tîm Unol Daleithiau America. Yng ngêmau hydref 2010 collodd yn erbyn Georgia, sydd tua'r un safon â hi yn ôl rhestr goreuon yr IRB.

Record

Bu Canada yn cystadlu ym mhob Cwpan y Byd ers y dechrau. Dim ond un waith y mae hi wedi cyrraedd rownd yr wyth olaf a hynny yn 1991 pan gollodd yn erbyn Ffrainc. Yn 2007, am y tro cyntaf yn ei hanes yng Nghwpan y Byd, dychwelodd adref heb ennill un gêm.

A wyddoch chi?

Gareth Rees, maswr a chefnwr i Ganada a chwaraeodd mewn pedwar Cwpan Byd rhwng 1987 ac 1997, oedd athro hanes a rygbi y Tywysog William yn Eton. Bu ei dad, Alan, a gafodd ei eni a'i fagu yng Nghymru, yn chwarae pêl-droed i glwb Dinas Caerdydd.

Bu'n rhaid i dimau rygbi yng Nghanada gefnu ar yr Undeb gwreiddiol a sefydlwyd yn 1884 i hybu'r gêm yno oherwydd iddo ddechrau caniatáu rheolau newydd, fel taflu'r bêl ymlaen. Maes o law fe drodd y gêm honno i fod yn debycach i bêl-droed Americanaidd gan gymryd yr enw Canadian Football.

DTH Van Der Merwe

GWYLIWCH RHAIN

DTH Van Der Merwe

Canolwr, cefnwr neu asgellwr pwerus 25 oed sy'n chwarae i Glasgow ers 2009. Cafodd ei eni yn Ne Affrica ond symudodd ei deulu i Ganada naw mlynedd yn ôl. Bu ar daith gyda Chanada i Gymru yn 2006 a'r flwyddyn wedyn chwaraeodd ym mhob un o gêmau Canada yn rowndiau rhagbrofol Cwpan y Byd. Bu'n cynrychioli ei wlad ers chwe blynedd.

James Pritchard

Er mai brodor o Awstralia ydyw, cafodd ei ddewis i Ganada ar gyfer Cwpan y Byd 2003 am fod ei dad-cu yn dod o'r wlad honno. Cafodd ei anwybyddu gan ei wlad wedyn tan 2006, pan wnaeth argraff fawr fel sgoriwr pwyntiau, yn enwedig fel ciciwr. Y flwyddyn honno sgoriodd 29 pwynt mewn un gêm yn erbyn Barbados ac yna 36 pwynt yn erbyn UDA. Yn ystod hydref 2010 sgoriodd 18 pwynt mewn gêm yn erbyn Portiwgal. Bu hefyd yn chwarae yng Nghwpan y Byd 2007, mae'n 32 oed ac yn chwarae fel canolwr, asgellwr neu fel cefnwr.

James Pritchard

Gareth Rees

Gareth Rees

Enillodd 55 cap dros ei wlad gan sgorio 487 o bwyntiau, mwy nag unrhyw chwaraewr arall o Ganada. Yn 2007 cafodd ei enwi gan yr IRB yn un o'r 12 chwaraewr gorau yn y byd yn ystod y ganrif ddiwethaf. Yn 1985, pan oedd yn 18 oed ac yn ddisgybl yn Ysgol Harrow, ymddangosodd yn ffeinal Cwpan Lloegr dros y Wasps yn Twickenham. Chwaraeodd i sawl clwb arall yn ystod ei yrfa, gan gynnwys Casnewydd.

SEREN O'R GORFFENNOL

SIAPAN

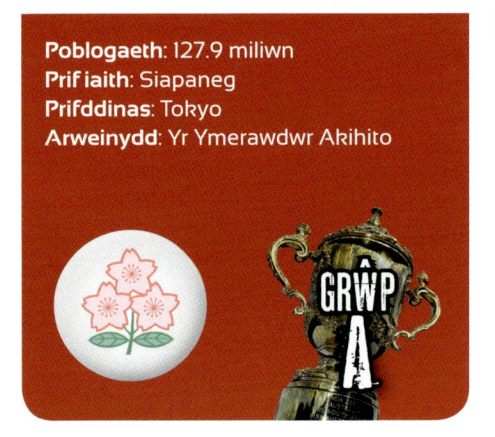

Poblogaeth: 127.9 miliwn
Prif iaith: Siapaneg
Prifddinas: Tokyo
Arweinydd: Yr Ymerawdwr Akihito

GRŴP A

Hanes

Cyflwynwyd rygbi yn Siapan yn 1899 i fyfyrwyr Prifysgol Keio gan ddau gyn-fyfyriwr o Brifysgol Caer-grawnt. Datblygodd y gêm yn gyflym yn y prifysgolion ac erbyn tua 1920 roedd 1500 o glybiau rygbi yn y wlad. Ffurfiwyd Undeb Rygbi Siapan yn 1926 ond am rai blynyddoedd wedyn bu llywodraethwyr y wlad yn gwgu ar rygbi gan ei bod yn cael ei hystyried yn gêm 'estron'. Yna, yn ystod chwedegau a saithdegau'r ganrif ddiwethaf, dechreuodd y gêm ffynnu unwaith eto gyda nifer fawr o gwmnïau diwydiannol yn noddi ac yn perchnogi gwahanol dimau.

Erbyn hyn mae 3631 o glybiau yn y wlad a 121,000 o chwaraewyr. Mae Siapan yn 13eg ar restr goreuon yr IRB. Llysenw'r tîm yw 'Y Blodau Ceirios'.

YR HYFFORDDWR

John Kirwan

Rhwng 1984 a 1994 sgoriodd yr asgellwr John Kirwan 67 cais pan oedd yn gwisgo crys du tîm Seland Newydd, sy'n dal yn record yn ei wlad. Bu hefyd yn chwarae yn yr Eidal a Siapan. Yn 2002 daeth yn hyfforddwr ar dîm yr Eidal ac yn ystod y ddwy flynedd ddilynol llwyddodd hi i faeddu Cymru a'r Alban. Ond ar ôl Pencampwriaeth Chwe Gwlad siomedig yn 2005 cafodd ei ddiswyddo a daeth yn hyfforddwr ar dîm Siapan yn 2007. Bu'n dioddef yn ddrwg o iselder ac oherwydd ei waith gwirfoddol ym maes iechyd meddwl, cafodd ei anrhydeddu ag MBE yn 2007.

John Kirwan

Daisuke Ohata

Ers iddo sgorio tri chais yn ei gêm gyntaf i Siapan yn 1996 bu'r asgellwr hwn yn sgoriwr rheolaidd i'w wlad tan iddo ymddeol y llynedd. Yn wir, ef o bob chwaraewr yn y byd, sydd wedi sgorio'r nifer fwyaf o geisiau mewn gêmau rhyngwladol, sef 69 mewn 58 gêm brawf. Mae David Campese yn ail iddo (64 cais) a Shane Williams yn drydydd (55 cais). Eto rhaid cydnabod bod nifer fawr o geisiau Ohata wedi bod yn erbyn rhai o wledydd gwannaf y byd rygbi.

Daisuke Ohata

SEREN O'R GORFFENNOL

Koji Taira

GWYLIWCH RHAIN

Koji Taira

Canolwr cyhyrog 6' 1'' o daldra sydd wedi chwarae 23 o weithiau dros ei wlad. Yng Nghwpan y Byd 2007 chwaraeodd ym mhob un o gêmau Siapan yn y rowndiau rhagbrofol. Mae'n 28 oed ac wedi sgorio 8 cais i Siapan hyd yn hyn. Mae'n chwarae i dîm Suntory Sungoliath a ddenodd chwaraewyr tramor fel George Gregan a Todd Clever yn ddiweddar.

Hisateru Hirashima

Prop 28 oed sydd wedi chwarae 18 o weithiau dros ei wlad ac sy'n aelod rheolaidd o'r tîm cenedlaethol ers 2008. Fel y mwyafrif o chwaraewyr Siapan mae'n chwarae i dîm ym mhrif gynghrair rygbi ei wlad, sef y Kobe Kabelco Steelers, ac mae'n gapten ar y tîm hwnnw.

Y Daith

Wrth gymhwyso ar gyfer Cwpan Rygbi'r Byd yn Seland Newydd, yng Ngrŵp Gwledydd Asia, cafodd Siapan y gorau ar Kazakhstan, Hong Kong, Gwlff Arabia a Korea, gan sgorio 326 o bwyntiau yn y 4 gêm honno. Yng ngêmau hydref 2010 maeddodd hi Rwsia 75-3 a cholli 13-10 i Samoa.

Record

Mae Siapan wedi cymryd rhan ym mhob Cwpan Rygbi'r Byd ers y dechrau yn 1987. Er hynny, record siomedig iawn sydd ganddi a hithau wedi ennill un gêm yn unig, yn erbyn Zimbabwe yn 1991. Pan gafodd gêm gyfartal yn erbyn Canada yng nghystadleuaeth 2007 dyna oedd y tro cyntaf iddi beidio â cholli mewn 13 o gêmau Cwpan Rygbi'r Byd dros 16 mlynedd.

A wyddoch chi?

Chafodd clybiau Siapan erioed broblem o ran cadw disgyblaeth ar y cae rygbi gan fod y chwaraewyr yn gwybod y byddai'r gosb yn llym pe bydden nhw'n troseddu. Cafwyd ffrwgwd mewn gêm rhwng dwy o unedau'r fyddin yn 1975. O ganlyniad, cafodd y ddwy uned eu diddymu, diswyddwyd eu pennaeth milwrol a gwaharddwyd pob un o'r chwaraewyr rhag chwarae am gyfnod amhenodol!

Gan un o chwaraewyr Siapan y mae'r record am sgorio'r nifer fwyaf o bwyntiau mewn un gêm yn hanes Cwpan y Byd. Yn erbyn Taiwan yn 2002, mewn gêm gymhwyso, croesodd Toru Kurihara am 6 chais a chicio 15 trosiad, gan wneud cyfanswm o 60 pwynt, wrth i Siapan ennill 120-3.

YR ARIANNIN

Poblogaeth: 40.1 miliwn
Iaith: Sbaeneg
Prifddinas: Buenos Aires
Arweinydd: Cristina Fernández de Kirchner

Hanes

Cyflwynwyd y gêm i'r wlad gan fewnfudwyr o Brydain yn 1873. Erbyn 1899 yr oedd pedwar clwb o'r brifddinas, Buenos Aires, wedi uno i ffurfio Undeb Rygbi River Plate. Yn 1927 aeth tîm Llewod Prydain yno ar daith a thair blynedd yn ddiweddarach ymwelodd tîm y Junior Springboks â'r wlad.

Yn 1952 cafodd yr Ariannin gêm gyfartal yn erbyn Iwerddon, y tro cyntaf iddi beidio â cholli yn erbyn gwlad Ewropeaidd. O hynny mlaen dechreuodd gystadlu'n deg â rhai o brif wledydd rygbi'r byd a'u maeddu'n rheolaidd. Eto ni chafodd ei gwneud yn aelod llawn o'r IRB tan 1987, pan gafodd wahoddiad i gymryd rhan yng Nghwpan y Byd y flwyddyn honno. O 2012 ymlaen bydd yn dod yn rhan o Gystadleuaeth y Tair Gwlad, a gynhaliwyd gynt rhwng Seland Newydd, Awstralia a De Affrica, gan ei gwneud wedyn yn Gystadleuaeth y Pedair Gwlad!

YR HYFFORDDWR

Santiago Phelan

Cyn-flaenasgellwr a enillodd 44 cap dros ei wlad. Bu'n aelod o garfan yr Ariannin yng Nghwpan y Byd 1999 a 2003 ond bu'n rhaid iddo roi'r gorau i chwarae y flwyddyn honno oherwydd anaf ac yntau'n 29 oed. Ers hynny bu'n canolbwyntio ar hyfforddi a chafodd ei wneud yn hyfforddwr y tîm cenedlaethol yn 2008.

Mae Fabián Turnes hefyd yn hyfforddi'r tîm cenedlaethol. Roedd yn aelod o'r tîm a chwaraeodd yng Nghwpan y Byd 1987 ac enillodd 26 cap fel canolwr rhwng 1985 ac 1997. Cafodd ei benodi i wneud gwaith hyfforddi ar ôl Cwpan y Byd 2007.

Hugo Porta

Maswr yr Ariannin rhwng 1971 ac 1990 a enillodd 58 o gapiau dros ei wlad. Roedd yn gapten ar y tîm yng Nghwpan y Byd 1987. Roedd yn chwaraewr tu hwnt o fedrus ac yn giciwr rhagorol. Cafodd ei ddewis gan y cylchgrawn rygbi *Midi Olympique* yn 'Chwaraewr Rygbi Gorau'r Byd' yn 1985, ac yn 2007, gan Will Carling, cyn-gapten Lloegr, yn 'un o'r deg chwaraewr rygbi gorau erioed'. Wrth ei alwedigaeth roedd yn bensaer ac yn 1994 cafodd ei wneud yn Weinidog Chwaraeon yr Ariannin.

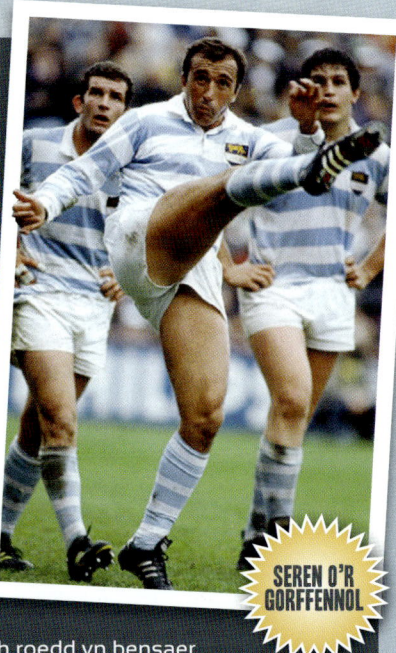

SEREN O'R GORFFENNOL

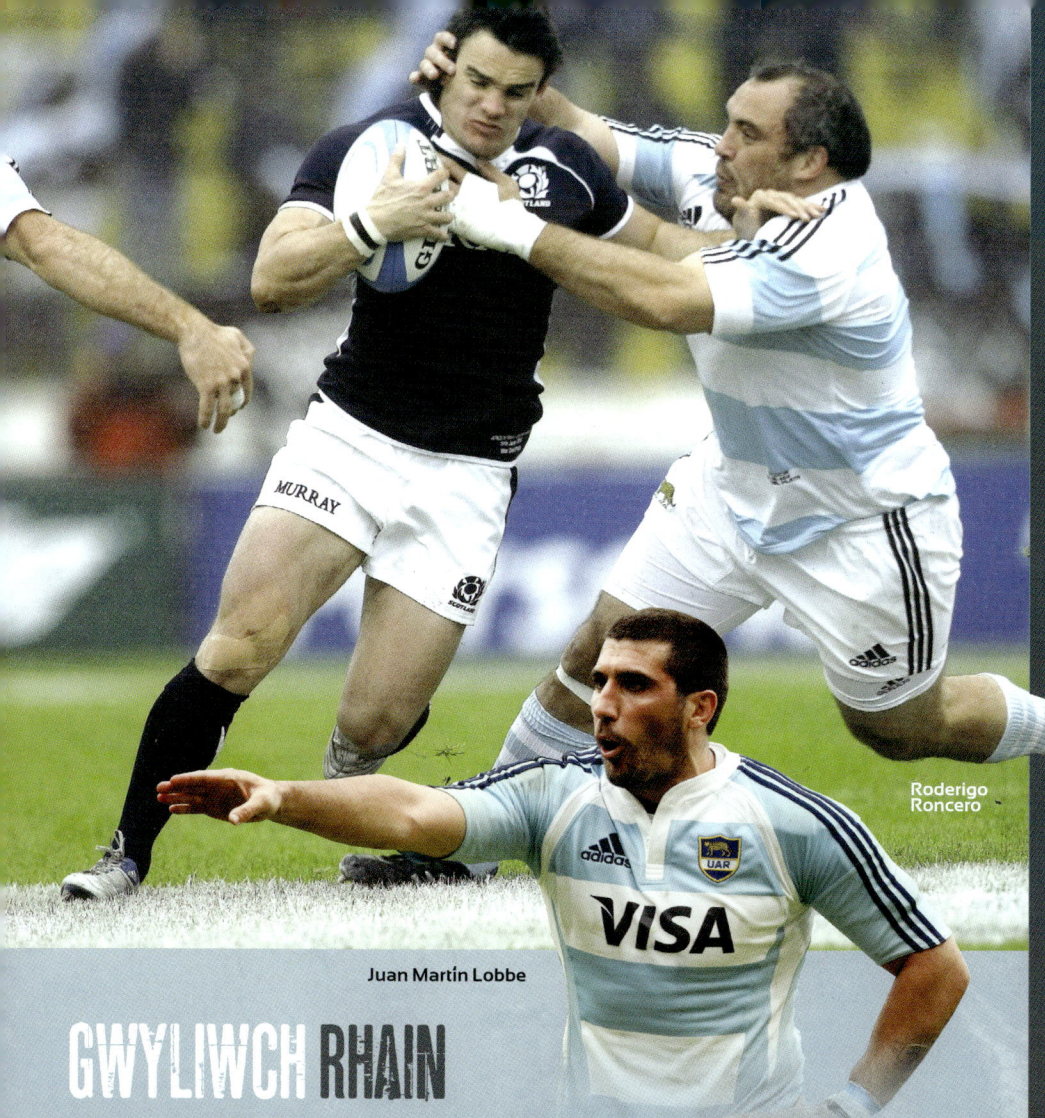

Y Daith

Mae gan yr Ariannin le awtomatig yn rowndiau terfynol Cwpan y Byd 2011. Ar ôl ennill pob un o'i gêmau Grŵp yn 2007 cyrhaeddodd y rownd gynderfynol, pan gollodd yn erbyn De Affrica, a aeth ymlaen i ennill y gystadleuaeth. Ym mis Mawrth 2008 roedd hi'n drydedd ar restr goreuon yr IRB, ei safle uchaf erioed. Erbyn hyn mae hi wedi disgyn i'r wythfed safle.

Record

Er i'r Ariannin ers dechrau cyfnod Cwpan y Byd fod yn un o wledydd cryfaf y byd rygbi, ni chafodd fawr o lwyddiant yn y gystadleuaeth honno ac eithrio yng nghystadleuaeth 2007. Gorffennodd ar waelod ei grŵp yn 1987, 1991 ac 1995, gan ennill un gêm yn unig, yn erbyn yr Eidal. Yn 1999 collodd yn rownd y chwarteri yn erbyn Ffrainc a chafodd ei bwrw allan wedi'r gêmau grŵp yn 2003.

Roderigo Roncero

A wyddoch chi?

Anifail cenedlaethol y wlad yw'r jagiwar ac roedd llun o'r anifail ar grysau'r tîm pan aeth ar daith i Rodesia (Zimbabwe erbyn hyn) yn 1965. Bryd hynny ysgrifennodd rhyw newyddiadurwr yn un o gylchgronau'r wlad honno fod y jagiwar ar y crysau yn debycach i biwma. Ers yr adeg honno, llysenw tîm rygbi'r Ariannin yw y Piwmas.

Mae pêl-droed yn llawer mwy poblogaidd na rygbi yn yr Ariannin ac un o gêmau mawr y flwyddyn yn y calendr pêl-droed oedd yr un rhwng Bocca Juniors a River Plate. Ond yn 2007 bu'n rhaid aildrefnu'r gêm honno gan fod cymaint o bobl eisiau gweld yr Ariannin ar y teledu yn chwarae yn erbyn yr Alban yn rownd y chwarteri yng Nghwpan Rygbi'r Byd.

Juan Martín Lobbe

GWYLIWCH RHAIN

Roderigo Roncero

Prop 34 oed a fu'n chwarae i Stade Français ers 2004 ac a fu'n aelod o dîm Caerloyw rhwng 2002 a 2004. Enillodd ei gap cyntaf i'r Ariannin yn 1998 a chymerodd ran yng Nghwpan y Byd 2003 a 2007.

Yn 2010 cafodd ei ddewis gan Stephen Jones, prif ohebydd rygbi'r *Sunday Times*, yn nawfed chwaraewr gorau'r byd. Mae'n feddyg wrth ei alwedigaeth.

Juan Martín Lobbe

Wythwr a blaenasgellwr 29 oed a fu'n chwarae i Toulon ers 2009 ac a fu cyn hynny yn chwarae gyda Sale. Bu'n aelod dylanwadol o dîm yr Ariannin ers saith mlynedd a chwaraeodd yng Nghwpan y Byd 2007.

29

LLOEGR

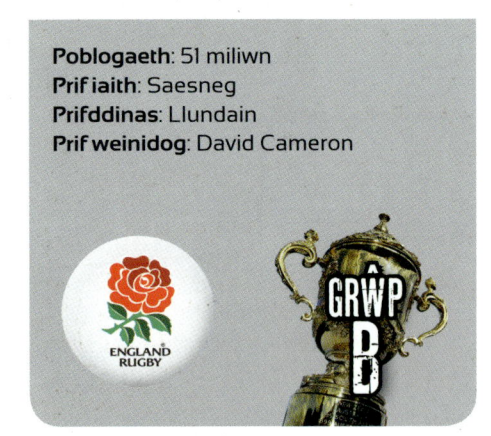

Poblogaeth: 51 miliwn
Prif iaith: Saesneg
Prifddinas: Llundain
Prif weinidog: David Cameron

Courtney Lawes

Hanes

Yn ôl y sôn, William Webb Ellis, yn 1823, oedd y cyntaf i chwarae rygbi, pan oedd yn ddisgybl yn ysgol fonedd Rugby. Erbyn hyn mae rhai haneswyr yn honni nad oes unrhyw sail i'r stori honno. Clwb Pêl-droed Ysbyty Guy's yn Llundain oedd y clwb rygbi cyntaf i gael ei sefydlu, yn 1843, gan nifer o gyn-ddisgyblion Ysgol Rugby. Yn 1871 daeth 21 o glybiau ynghyd i ffurfio Undeb Rygbi Lloegr a'r flwyddyn honno hefyd chwaraeodd Lloegr ei gêm ryngwladol gyntaf yn erbyn yr Alban. Erbyn hyn credir bod gan y wlad tua 1,900 o glybiau rygbi gyda dros 2 filiwn o ddynion yn chwarae'r gêm.

Matthew Banahan

Jason Leonard

Jason Leonard

Prop a enillodd 114 o gapiau i'w wlad ac a fu ar dair taith dramor gyda'r Llewod. Ni chwaraeodd yr un blaenwr arall gymaint o weithiau dros Loegr. Ef hefyd sy'n dal y record am chwarae'r nifer fwyaf o gêmau yn rowndiau terfynol Cwpan y Byd. Rhwng 1991 a 2003 chwaraeodd 22 o weithiau yn y rowndiau hynny. Un o'i gryfderau oedd ei allu i chwarae ar y lefel uchaf yn safleoedd y prop pen tyn a'r prop pen rhydd.

SEREN O'R GORFFENNOL

GWYLIWCH RHAIN

Courtney Lawes

Mae'n 23 oed ac yn aelod o glwb Northampton. Gall chwarae yn yr ail reng neu fel blaenasgellwr. Mae'n 6'7" ac yn pwyso deunaw stôn ond mae'n hynod o heini o gwmpas y cae. Mae'n gallu trafod y bêl yn fedrus ac yn daclwr caled dros ben. Chwaraeodd i dimau Lloegr o dan 18 a dan 20 cyn cynrychioli'r tîm hŷn am y tro cyntaf yng ngêmau'r hydref 2009. Cafodd anaf drwg i'w ben-glin a'i cadwodd rhag ymddangos i Loegr ar ddechrau 2011 ond disgwylir iddo chwarae rhan amlwg yng Nghwpan y Byd.

Ben Foden

Fel Courtney Lawes, mae'r chwaraewr 25 oed hwn yn aelod o glwb Northampton. Mae'n amryddawn ac enillodd ei dri chap cyntaf dros ei wlad mewn tri safle gwahanol, fel mewnwr, asgellwr a chefnwr. Bellach mae wedi ymsefydlu yn safle'r cefnwr ond oherwydd ei ddoniau amrywiol bydd yn gaffaeliad mawr yn ystod Cwpan y Byd. Cynrychiolodd ei wlad o dan 16, 19 a 21 cyn ennill ei gap cyntaf i Loegr yn erbyn yr Eidal yn Chwefror 2009.

Mae ganddo'r llysenw Pops am iddo golli sesiwn ymarfer gyda chlwb Sale unwaith er mwyn cymryd rhan mewn gwrandawiad ar gyfer y gyfres deledu *Pop Idol*.

Ben Foden

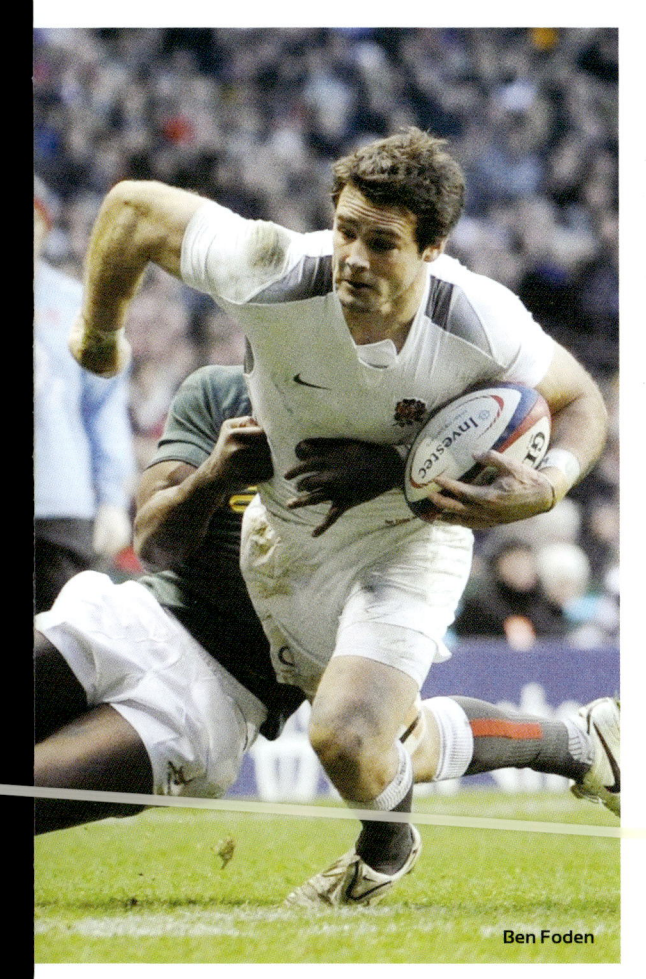

YR HYFFORDDWR

Martin Johnson

Cafodd Martin Johnson yrfa ddisglair yn yr ail reng gyda chlwb Caerlŷr a Lloegr. Enillodd 84 o gapiau dros ei wlad ac ef oedd capten Lloegr pan enillodd hi Gwpan y Byd yn 2003. Cyn cael ei ddewis yn rheolwr tîm Lloegr yn 2008 doedd ganddo ddim profiad fel hyfforddwr ac yn ystod ei ddau dymor cyntaf cafodd y tîm ganlyniadau cymysg. Ond bu canlyniadau'r Chwe Gwlad yn 2011 yn fwy calonogol ac mae gobeithion Lloegr ar gyfer Cwpan y Byd yn uchel.

Y Daith

Mae gan Loegr le awtomatig yn rowndiau terfynol Cwpan y Byd yn Seland Newydd. Mae rhai beirniaid o'r farn y bydd y tîm yn gwneud yn dda iawn yn y gystadleuaeth ac, yn sicr, hi yw'r gryfaf o wledydd Prydain.

Record

Mae record Lloegr yng Nghwpan y Byd, ers ei sefydlu yn 1987, yn un trawiadol iawn. Cyrhaeddodd y rownd derfynol dair gwaith, yn 1991, 2003 a 2007. Enillodd y Cwpan yn 2003 gan guro Awstralia 20-17, gyda Jonny Wilkinson yn cicio gôl adlam i gipio'r cwpan ar ôl gêm gofiadwy. Collodd Lloegr yn y rownd gynderfynol yn 1995, ac yn y chwarteri yn 1987 (yn erbyn Cymru) ac yn 1999 (yn erbyn De Affrica).

A wyddoch chi?

Lloegr yw'r unig dîm i ymddangos yn ffeinal Cwpan y Byd ar ôl colli gêm yn rowndiau rhagbrofol y gystadleuaeth. Digwyddodd hynny ddwy waith, yn 1991 a 2007.

Mike Catt o Loegr yw'r chwaraewr hynaf i ymddangos mewn rownd derfynol yng Nghwpan y Byd, a hynny yn 2007 pan oedd yn 36 mlwydd a 33 diwrnod oed.

Cynrychiolodd Martin Johnson, rheolwr Lloegr, dîm Seland Newydd dan 21 oed yn 1990.

Martin Johnson

YR ALBAN

Poblogaeth: 5.2 miliwn
Iaith: Saesneg, ond siaredir hefyd Sgoteg a Gaeleg gan gyfran fach o'r boblogaeth.
Prifddinas: Caeredin
Arweinydd: Alex Salmond

Hanes

Yn 1873 daeth wyth clwb rygbi at ei gilydd i ffurfio'r Scottish Football Union, gan wneud undeb rygbi'r Alban yr hynaf ond un yn y byd. Cyn hynny, ym mis Mawrth 1871, chwaraeodd yr Alban ei gêm ryngwladol gyntaf, pan faeddodd dîm Lloegr ym Mhalas Raeburn mewn gornest 20 bob ochr. Yn 1883 dechreuodd yr Alban chwarae ym Mhencampwriaeth y Gwledydd Cartref yn erbyn Cymru, Lloegr ac Iwerddon.

Yn 1929 ffurfiwyd Undeb Rygbi'r Alban ar draul yr undeb gwreiddiol. Erbyn hyn ceir 88,000 o chwaraewyr yn yr Alban.

Richie Gray

Andy Robinson

YR HYFFORDDWR

Andy Robinson

Penodwyd Andy Robinson ym Mehefin 2009. Pan enillodd Lloegr Gwpan y Byd yn 2003 roedd yn ddirprwy i Clive Woodward, gyda gofal arbennig am y blaenwyr. Ar ôl i Woodward roi'r gorau iddi, daeth Robinson i'w olynu, yn Hydref 2004. Bu'n hyfforddi Lloegr hyd Tachwedd 2006 pan ymddiswyddodd ar ôl nifer o berfformiadau siomedig gan ei dîm. Y flwyddyn wedyn daeth yn hyfforddwr clwb Caeredin, gyda chyfrifoldeb hefyd am hyfforddi tîm A yr Alban.

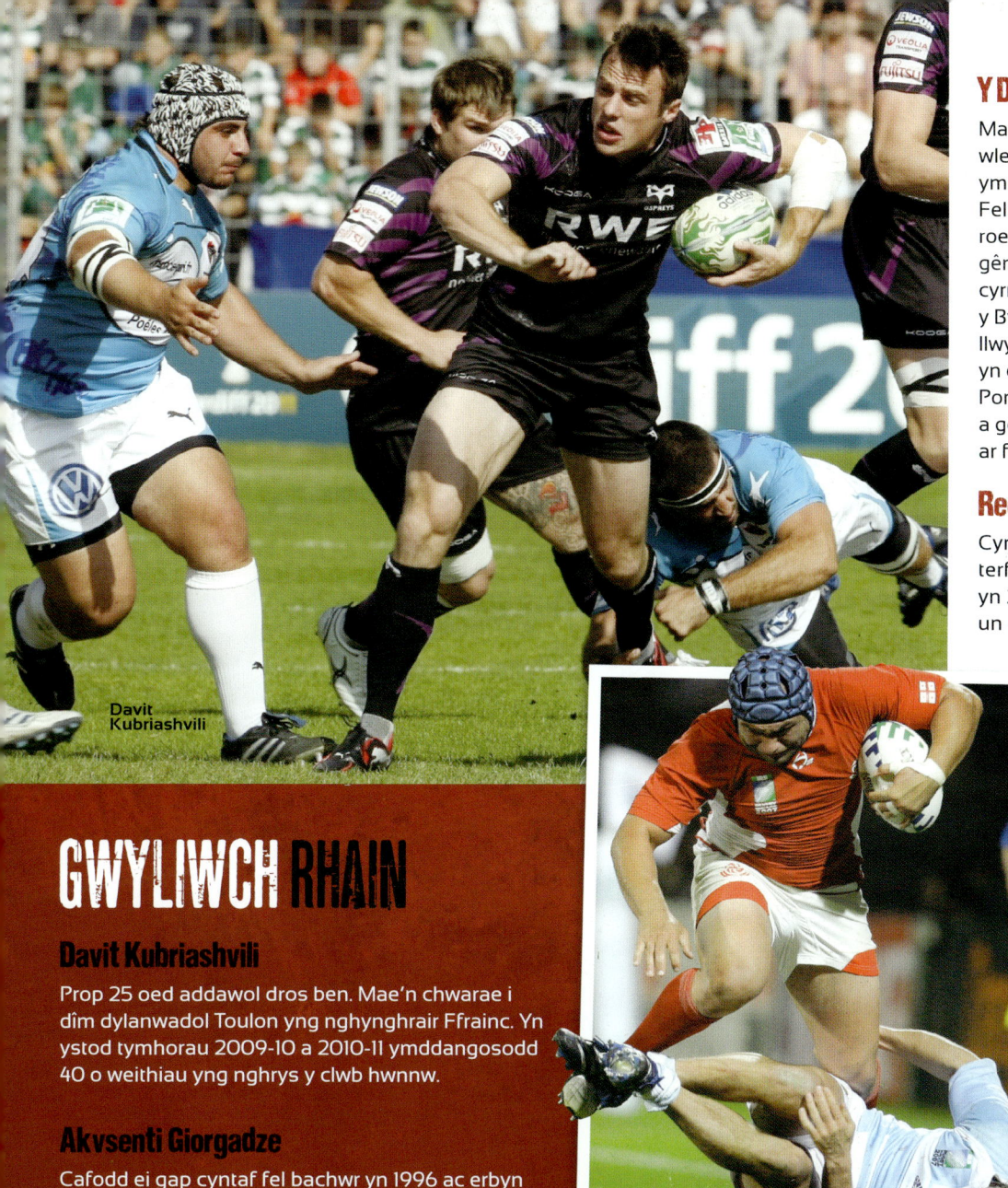

Y Daith

Mae Georgia ymhlith timau prif wledydd Ewrop nad y'n nhw'n chwarae ym Mhencampwriaeth y Chwe Gwlad. Felly, yn ystod y tair blynedd diwethaf roedd yn rhaid iddi chwarae nifer o gêmau cymhwyso er mwyn ceisio cyrraedd rowndiau terfynol Cwpan y Byd yn Seland Newydd. Fe fu'n llwyddiannus iawn yn y gêmau hynny yn erbyn Sbaen, Rwsia, Rwmania, Portiwgal a'r Almaen. Un gêm yn unig a gollodd allan o'r deg, a gorffennodd ar frig yr adran.

Record

Cyrhaeddodd Georgia rowndiau terfynol Cwpan y Byd am y tro cyntaf yn 2003. Bryd hynny, collodd bob un o'r pedair gêm, yn erbyn Lloegr, Samoa, De Affrica ac Iwerddon. Yn 2007 fe wnaeth well argraff o lawer. Er mai un gêm yn unig a enillwyd ganddi (curo Namibia 30-0), cafodd y byd rygbi ei syfrdanu gan ei pherfformiad yn erbyn Iwerddon. Gyda 25 munud i fynd roedd hi ar y blaen yn y gêm honno ond daeth Iwerddon yn ôl i gipio'r fuddugoliaeth 14-10. Cael a chael oedd hi gan y bu Georgia'n pwyso'n drwm yn ddwfn yn nhiriogaeth tîm Iwerddon tan y chwiban olaf.

Georgia ar hyn o bryd sy'n dal Cwpan Gwledydd Ewrop (y rhai nad y'n nhw'n chwarae yn y Chwe Gwlad), cwpan y mae hi wedi ei ennill dair gwaith ers 2000.

Davit Kubriashvili

GWYLIWCH RHAIN

Davit Kubriashvili
Prop 25 oed addawol dros ben. Mae'n chwarae i dîm dylanwadol Toulon yng nghynghrair Ffrainc. Yn ystod tymhorau 2009-10 a 2010-11 ymddangosodd 40 o weithiau yng nghrys y clwb hwnnw.

Akvsenti Giorgadze
Cafodd ei gap cyntaf fel bachwr yn 1996 ac erbyn hyn mae wedi chwarae 58 o weithiau dros ei wlad. Ers 2005 bu'n chwarae i Castres yng nghynghrair Ffrainc a chyn hynny i Rovigo yn yr Eidal. Mae'n 34 oed.

Akvsenti Giorgadze

RWMANIA

Poblogaeth: 22 miliwn
Prif iaith: Rwmaneg, a siaredir gan 91% o'r boblogaeth
Prifddinas: Bucharest
Arlywydd: Traian Basescu

YR HYFFORDDWR

Steve McDowell

Ymunodd â'r tîm hyfforddi yn 2008 fel trefnydd ffitrwydd ond bellach ef yw'r prif hyfforddwr. Cafodd brofiad cyn hynny o hyfforddi yn Seland Newydd ar lefel clwb a bu'n hyfforddwr amddiffyn tîm Tonga yn 2007.

Enillodd y cyn-brop hwn 46 cap gyda'r Crysau Duon ac roedd yn aelod o'r tîm a enillodd Gwpan y Byd yn 1987.

Steve Mc Dowell

Hanes

Chwaraewyd rygbi gyntaf yn y wlad gan fyfyrwyr a ddychwelodd o Baris gyda phêl rygbi yn 1913 ac yn y man ffurfiwyd 17 o glybiau yn Bucharest. Chwaraeodd Rwmania ei gêm ryngwladol gyntaf yn erbyn Unol Daleithiau America yn 1919 ac yna yn 1931 ffurfiwyd Ffederasiwn Rygbi Rwmania. Yr oedd y gêm ar ei chryfaf yn y wlad yn wythdegau'r ganrif ddiwethaf pan oedd Rwmania yn un o brif dimau Ewrop. Yr adeg honno maeddodd hi Gymru a Ffrainc ddwywaith yr un, a hefyd yr Alban yn fuan wedi i'r wlad honno ennill y Gamp Lawn yn 1984. Ond oherwydd dirywiad mawr ym mywyd gwleidyddol ac economaidd y wlad, nid yw rygbi wedi ffynnu yno ers y cyfnod hwnnw. Pan drodd y gêm yn broffesiynol cafodd effaith anffafriol ar y byd rygbi yn y wlad. Yn ystod oes aur yr wythdegau roedd ganddi 12,000 o chwaraewyr cofrestredig a 110 o glybiau. Bellach, 9,600 o chwaraewyr sydd yn y wlad a llawer llai o glybiau.

Y Daith

Daeth yn drydydd yng nghystadleuaeth Cwpan Gwledydd Ewrop 2008-10, ar ôl chwarae gêmau cymhwyso yn erbyn Sbaen, yr Almaen, Portiwgal, Rwsia a Georgia. Yna aeth ymlaen i guro Tiwnisia ac Uruguay i benderfynu pwy fyddai'r ugeinfed wlad, a'r un olaf, i gyrraedd rhestr y gwledydd a fyddai'n cymryd rhan yng Nghwpan y Byd 2011.

Record

Er iddi chwarae yn rowndiau terfynol pob un o'r chwe Chwpan y Byd, ychydig o lwyddiant a gafodd hi. Dim ond un gêm a enillwyd yn ystod pob un o'r cystadlaethau hynny ac eithrio yng Nghwpan y Byd 2003. Yr adeg honno ni chafodd yr un fuddugoliaeth.

Collodd yn drwm mewn ambell un o'r rowndiau rhagbrofol, er enghraifft, enillodd Awstralia 95-8 yn ei herbyn ac ildiodd 85 pwynt yn erbyn Seland Newydd. Cafwyd rhai canlyniadau nodedig mewn gêmau cyfeillgar, e.e. maeddu Ffrainc a'r Alban ddechrau'r nawdegau, ond ddeng mlynedd yn ôl collodd 134-0 yn erbyn Lloegr.

A wyddoch chi?

Er bod rygbi wedi cael ei chwarae gan nifer o glybiau yn Bucharest ers bron i gan mlynedd, ni ffurfiwyd yr un clwb y tu allan i'r brifddinas tan 1939. Bryd hynny sefydlwyd tîm ar gyfer gweithwyr mewn ffatri awyrennau yn Brasov.

Yn 1924 roedd Rwmania yn un o dri thîm rygbi wnaeth gystadlu yn y Gêmau Olympaidd ym Mharis. Yno enillwyd y fedal aur gan Unol Daleithiau America, y fedal arian gan Ffrainc a chafodd Rwmania y fedal efydd. Dyna'r tro diwethaf i rygbi fod yn un o chwaraeon y Gêmau Olympaidd. Roedd y gamp wedi'i chynnwys yng Ngêmau 1900, 1908 a 1920, er mai nifer fach iawn o wledydd fyddai'n cymryd rhan. Er hynny bydd rygbi saith bob ochr yn cael ei lle, am y tro cyntaf, yng Ngêmau Olympaidd Rio de Janeiro yn 2016. Llysenw'r tîm yw y Coed Derw.

GWYLIWCH RHAIN

Marius Tincu

Bachwr 33 oed sy'n chwarae i glwb Perpignan. Bu'n cynrychioli Rwmania ers 2002, ac yng Nghwpan y Byd 2007 chwaraeodd mewn pedair gêm ragbrofol, gan sgorio tri chais, yn erbyn yr Eidal, Portiwgal a'r Crysau Duon.

Cătălin Fercu

Asgellwr 25 oed a chwaraeodd yn erbyn yr Alban a Ffrainc pan oedd yn 20 oed. Mae'n chwarae yn Rwmania i dîm Timisoara ac mae'n sgoriwr ceisiau medrus iawn.

Marius Tincu

Catalin Fercu

Florica Murariu

SEREN O'R GORFFENNOL

Florică Murariu

Blaenasgellwr oedd yn swyddog ym myddin Rwmania, fel cymaint o chwaraewyr eraill y wlad. Roedd yn aelod o'r tîm a faeddodd Gymru 24-6 ym Mucharest yn 1983, gan sgorio un o'r ceisiau, a phan enillodd Rwmania yng Nghaerdydd yn 1988, 15-9, ef oedd capten y tîm. Chwaraeodd 30 o weithiau dros ei wlad gan ennill ei gap olaf yn erbyn Lloegr yn 1989. Yn ddiweddarach y flwyddyn honno, yn ystod gwrthryfel yn Romania, cafodd ei ladd tra oedd ar ddyletswydd wrth atalfa ffordd. Cafodd nifer o brif chwaraewyr rygbi'r wlad eu lladd yn y gwrthdaro hwnnw.

AWSTRALIA

Poblogaeth: 22.5 miliwn
Prif iaith: Saesneg
Prifddinas: Canberra
Prif weinidog: Julia Gillard

GRŴP C

Hanes

Ffurfiwyd clwb rygbi cyntaf Awstralia yn 1864, ym Mhrifysgol Sydney ond am bron i gan mlynedd undebau taleithiol fyddai'n gweinyddu rygbi yn y wlad. Daeth y ddau brif undeb ynghyd yn 1892, yn cynrychioli New South Wales a Queensland, ac am gyfnod yn enw'r undeb newydd hwn y byddai teithiau tramor yn cael eu trefnu. Ni ffurfiwyd Undeb Rygbi Awstralia tan 1949, pan ddaeth wyth undeb taleithiol at ei gilydd. Erbyn hyn credir bod tua 85,000 o ddynion yn chwarae rygbi yn y wlad, yn New South Wales a Queensland yn bennaf. Mae Rygbi'r Undeb yn bedwerydd o ran poblogrwydd ymhlith campau gaeaf y wlad ac yn dibynnu ar ysgolion preifat am gefnogaeth. Chwaraeodd Awstralia yn erbyn Cymru am y tro cyntaf yn 1908 ac yn ystod y blynyddoedd dilynol, y Cymry fyddai'n fuddugol fel arfer. Ond daeth tro ar fyd yn ystod y cyfnod diweddar. Rhwng 1991 a 2003 enillodd Awstralia naw gwaith yn olynol yn erbyn Cymru.

David Pocock

YR HYFFORDDWR

Robbie Deans

Mae Robbie Deans yn frodor o Canterbury, Seland Newydd a chwaraeodd i'r Crysau Duon. Bu'n hyfforddwr cynorthwyol gyda thîm Seland Newydd rhwng 2001 a 2003 ond gwnaeth ei enw ar y lefel daleithiol. Mewn gyrfa a barodd am 11 mlynedd gyda'r Crusaders, ef yw'r hyfforddwr mwyaf llwyddiannus erioed yn hanes y Super League. Cafodd ei benodi'n hyfforddwr y Wallabies yn 2007.

GWYLIWCH RHAIN

David Pocock

Mae'n frodor o Zimbabwe a symudodd i Awstralia yn 2002, pan oedd yn 14 oed. Disodlodd yr enwog George Smith yn rheng ôl y Wallabies yn 2009. Mae ei gyflymder, a'i nerth yn ardal y dacl, bellach yn golygu ei fod yn un o'r blaenasgellwyr gorau ar y lefel ryngwladol. Chwaraeodd i dîm bechgyn ysgol Awstralia ac ef oedd capten tîm Awstralia dan 20 oed ym Mhencampwriaeth Iau y Byd yn 2008.

Kurtley Beale

Cefnwr 22 oed, o dras Aborigini, a ddechreuodd ei yrfa yn safle'r maswr. Cafodd wahoddiad i ymarfer gyda charfan Awstralia ac yntau ond yn 17 oed a daeth o fewn dim i gael ei ddewis i'w wlad ar gyfer Cwpan y Byd 2007. Cafodd flwyddyn arbennig yn 2010 gan dynnu sylw'r byd rygbi gyda'i chwarae cyffrous. Cafodd ei ddewis ar restr fer yr IRB ar gyfer Gwobr Chwaraewr Gorau'r Flwyddyn.

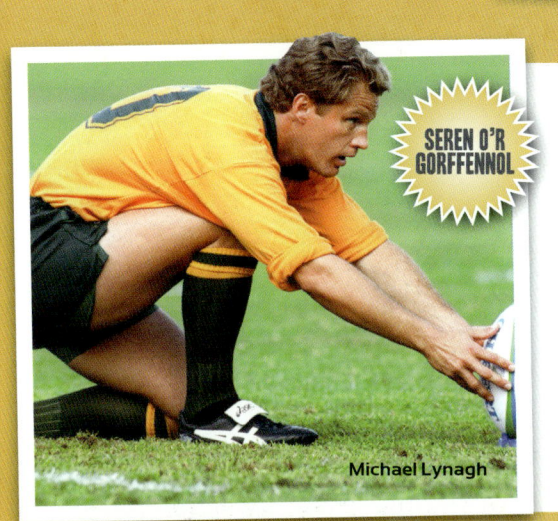

Kurtley Beale

Michael Lynagh

SEREN O'R GORFFENNOL

Enillodd 72 cap i Awstralia, fel canolwr a maswr disglair, rhwng 1984 ac 1995, gan arwain ei wlad rhwng 1993 ac 1995. Pan roddodd y gorau i rygbi rhyngwladol ar ôl Cwpan y Byd 1995 ef oedd yn dal y record am sgorio'r nifer fwyaf o bwyntiau (911) mewn gêmau rhyngwladol. Gorffennodd ei yrfa drwy chwarae am ddau dymor nodedig iawn rhwng 1996 ac 1998 gyda chlwb y Saraseniaid yn Lloegr.

Michael Lynagh

Y Daith

Bu'n cystadlu ym mhob Cwpan y Byd ers y gystadleuaeth gyntaf yn 1987 gan gael lle awtomatig yn y rowndiau terfynol bob tro. A hithau'n ail ar restr goreuon yr IRB mae disgwyl iddi wneud yn dda eto eleni ond blwyddyn gymysg fu 2010 iddi. Cafodd ambell fuddugoliaeth nodedig yn erbyn Seland Newydd, De Affrica a Ffrainc ond collodd yn drwm yn erbyn Lloegr fis Tachwedd diwethaf.

Record

Enillodd Awstralia Gwpan Webb Ellis ddwy waith, yn 1991 ac 1999. Cyrhaeddodd y rownd derfynol hefyd yn 2003 gan golli i Lloegr 20-17 ar ôl chwarae amser ychwanegol. Yn wir, bu'r Saeson yn dipyn o fwgan iddi dros y blynyddoedd gan iddi golli iddyn nhw hefyd ddwy waith yn rownd yr wyth olaf, yn 1995 a 2007. Ym mlwyddyn gyntaf y gystadleuaeth collodd i Ffrainc yn y rownd gynderfynol, ac yna i Gymru yn y gêm i benderfynu pwy fyddai'n gorffen yn y trydydd safle.

A wyddoch chi?

Yn Stadiwm ANZ Sydney, yn 2000, ar gyfer gornest rhwng Awstralia a Seland Newydd y cafwyd y dorf fwyaf erioed mewn gêm rygbi. Daeth 109,874 o bobl ynghyd mewn gêm a ddisgrifiwyd fel yr un orau erioed, gyda'r Crysau Duon yn ennill 39-35.

Wrth guro Namibia 142-0 yng nghystadleuaeth 2003 sgoriodd Awstralia 22 cais, y nifer fwyaf erioed o geisiau a sgoriwyd mewn un gêm yn rowndiau terfynol Cwpan y Byd.

Yn ystod taith i Brydain yn 1908 y cafodd tîm Awstralia y llysenw 'The Wallabies' am y tro cyntaf. Awgrymwyd 'Y Cwningod' fel llysenw posib i ddechrau ond cafodd ei wrthod gan nad oedd yr anifail hwnnw, yn wahanol i'r walabi, yn anifail cynhenid i Awstralia.

IWERDDON

Poblogaeth: 4 miliwn
Prif iaith: Saesneg, ond Gwyddeleg yw iaith swyddogol y wlad.
Prifddinas: Dulyn
Arlywydd: Mary McAleese

Hanes

Clwb Prifysgol Dulyn, a gafodd ei sefydlu yn 1854, oedd clwb rygbi cyntaf y wlad. Cafodd y gêm ei chyflwyno yno gan fyfyrwyr a fu'n astudio yn ysgolion bonedd Lloegr. Chwaraeodd Iwerddon ei gêm ryngwladol gyntaf yn erbyn Lloegr yn 1875.

Yn 1879 unwyd Undeb Pêl-droed Iwerddon ag Undeb Pêl-droed Gogledd Iwerddon i ffurfio Undeb Rygbi Iwerddon. Bu'r naill yn cynrychioli clybiau'r Weriniaeth a'r llall yn cynrychioli clybiau Gogledd Iwerddon.

Erbyn hyn ceir tua 140,000 o chwaraewyr rygbi yn y wlad a thua 205 o glybiau. Llysenw'r tîm yw 'Y Gwŷr mewn Gwyrdd'.

YR HYFFORDDWR
Declan Kidney

Bu'r cyn-athro Mathemateg, Declan Kidney, yn hyfforddi tîm Iwerddon ers haf 2008 a chipiwyd y Gamp Lawn ganddi yn 2009 yn ei flwyddyn gyntaf wrth y llyw. Mae ganddo record gampus fel hyfforddwr, gan arwain tîm Iwerddon dan 19 i fuddugoliaeth ym Mhencampwriaeth Cwpan y Byd yn 1998. Yn 2005 a 2008 ef oedd hyfforddwr Munster pan enillon nhw Gwpan Heineken. Yn 2009 cafodd ei ddewis yn Hyfforddwr Gorau'r Flwyddyn gan yr IRB.

Bu'n hyfforddwr ar Ddreigiau Gwent am dri mis yn 2004 cyn derbyn swydd fel hyfforddwr Leinster.

Keith Wood

SEREN O'R GORFFENNOL

Bachwr hynod o chwim ar hyd y cae a enillodd 58 o gapiau i'w wlad rhwng 1994 a 2003. Bu'n gapten sawl gwaith ac aeth ar ddwy daith gyda'r Llewod. Mae'n dod o Swydd Clare ac roedd yn hyrliwr o fri pan oedd yn ifanc.

Ond penderfynodd ganolbwyntio ar rygbi, gan chwarae i Garryowen, Harlequins a Munster. Ef, yn 2001, oedd y cyntaf erioed i ennill gwobr Chwaraewr Gorau'r Flwyddyn yr IRB. Bu'n chwarae mewn tri Chwpan Byd gan ymddeol fel chwaraewr ar ôl cystadleuaeth 2003.

Pan oedd yn chwarae câi'r llysenw Y Daten Gynddeiriog (The Raging Potato) ac weithiau Uncle Fester (o *The Addams Family*) oherwydd ei ben moel. Bellach mae'n cadw gwenyn ac yn ennill nifer o wobrau fel gwneuthurwr mêl.

Declan Kidney

Keith Wood

GWYLIWCH RHAIN

Sean O'Brien

Wythwr 24 oed o dîm Leinster sy'n un o aelodau diweddaraf carfan Iwerddon. Er hynny gwnaeth argraff fawr iawn yn y ddwy flynedd y bu'n chwarae ar y lefel ryngwladol er gwaetha'r ffaith ei fod yn cystadlu ag wythwr gwych arall, Jamie Heaslip, am yr un safle yn y tîm cenedlaethol.

Brian O'Driscoll

Bu'n chwaraewr pêl-droed Gwyddelig brwd pan oedd yn ifanc, cyn troi at rygbi. Aeth 11 mlynedd heibio ers iddo ennill ei gap cyntaf dros ei wlad, ond mae'n dal i fod yn un o ganolwyr gorau'r byd. Sgoriodd fwy o geisiau i Iwerddon nag unrhyw un arall ac mae wedi chwarae dros gant o weithiau yn y crys gwyrdd, mwy nag unrhyw Wyddel arall. Cafodd ei ddewis yn Chwaraewr Gorau Cystadleuaeth y Chwe Gwlad dair gwaith rhwng 2006 a 2009 a'r llynedd cafodd ei enwi gan y cylchgrawn *Rugby World* yn chwaraewr rygbi gorau'r degawd diwethaf. Mae'n gapten ar ei wlad ac yn gyn-gapten y Llewod`.

Y Daith

Cafodd Iwerddon le awtomatig yn rowndiau terfynol Cwpan y Byd 2011. Roedd ei chanlyniadau yn arwain at y gystadleuaeth honno yn gymysg. Collodd yn erbyn De Affrica a Seland Newydd, a churo Samoa a'r Ariannin, yng ngêmau'r hydref yn 2010. Dim ond o drwch blewyn y llwyddodd hi i gael y gorau o'r Eidal a'r Alban yng nghystadleuaeth y Chwe Gwlad ond cafodd fuddugoliaeth gyffrous yn erbyn Lloegr. Mae'n bedwerydd ar restr goreuon yr IRB.

Record

Cyrhaeddodd Iwerddon rowndiau terfynol Cwpan y Byd bob tro ers 1987. Aeth mor bell â rownd yr wyth olaf bedair gwaith. Yn 1999 collodd mewn gêm gymhwyso ar gyfer rownd y chwarteri ac yn 2007 aeth hi ddim ymhellach na'r gêmau rhagbrofol, wedi iddi golli dwy ac ennill dwy.

A wyddoch chi?

Yn achlysurol, ers rhai blynyddoedd, bu Gwasanaeth Post Iwerddon yn argraffu stampiau gyda lluniau rhai o chwaraewyr rygbi'r wlad arnyn nhw. Y diweddaraf i gael yr anrhydedd honno ychydig flynyddoedd yn ôl oedd Paul O'Connell. Mae ei lun i'w weld ar stampiau 78 cent a 55 cent.

Yn ôl rhai, mae gwreiddiau rygbi (a phêl-droed Gwyddelig) yn Iwerddon i'w cael mewn gêm Wyddelig hynafol o'r enw *caid*. Un nod yn y gêm honno fyddai cael tîm o ddynion i gario pêl feddal dros ffiniau cyfagos plwyf y tîm arall, a fyddai'n ceisio cyflawni'r un gamp.

Brian O'Driscoll

YR EIDAL

Poblogaeth: 60,418,711
Prif iaith: Eidaleg
Prifddinas: Rhufain
Arlywydd: Giorgio Napolitano

Martin Castrogiovanni

Hanes

Credir yn gyffredinol bod gweithwyr ddechrau'r ganrif ddiwethaf wedi dod â'r gêm 'nôl gyda nhw o Ffrainc i ogledd yr Eidal, cadarnle presennol rygbi yn y wlad. Ar yr un pryd dywedir bod myfyrwyr o Ffrainc wedi cyflwyno'r gêm i Brifysgol Milan tua 1911. Yn y flwyddyn honno ffurfiwyd Ffederasiwn Rygbi'r Eidal ac yn 1929 chwaraeodd y wlad ei gêm ryngwladol gyntaf yn erbyn Sbaen, yn Barcelona, gan golli 9-0. Yn saithdegau ac wythdegau'r ganrif ddiwethaf gwelwyd cynnydd yn nifer y chwaraewyr rygbi yn yr Eidal ac yn safon y chwarae, yn bennaf am fod ambell gwmni mawr fel Benetton wedi dechrau noddi'r gêm gan ddenu rhai o chwaraewyr gorau'r byd yno.

Yn 2000 daeth yn rhan o Bencampwriaeth y Chwe Gwlad ac erbyn hyn mae 1024 o glybiau rygbi yn y wlad gyda 66,000 o ddynion yn chwarae'r gêm.

YR HYFFORDDWR
Nick Mallett

Chwaraeodd Nick Mallett ddwy waith i Dde Affrica yn 1984 ac yntau'n aelod o glwb Western Province. Cyn hynny, tra oedd yn fyfyriwr ym Mhrifysgol Rhydychen enillodd anrhydedd y Blues mewn rygbi a chriced. Treuliodd saith mlynedd fel chwaraewr a hyfforddwr yn Ffrainc cyn dod yn hyfforddwr cynorthwyol tîm De Affrica yn 1996 ac yna'n brif hyfforddwr y flwyddyn wedyn, gan gael tipyn o lwyddiant. Ymddiswyddodd yn 2000 wedi ymrafael mewnol ymhlith awdurdodau rygbi'r wlad. Yna cafodd gyfnod llewyrchus iawn fel hyfforddwr clwb Stade Français, cyn dod yn hyfforddwr tîm yr Eidal yn 2007.

A wyddoch chi?

Yn nyddiau'r Ymerodraeth Rufeinig yn yr Eidal byddai'r brodorion yn arfer chwarae gêm gorfforol iawn o'r enw *harpastum*. Yn ôl y disgrifiad a gafwyd gan haneswyr o'r cyfnod doedd y gêm honno ddim yn annhebyg i rygbi.

Ar ôl ennill dwy gêm ym Mhencampwriaeth y Chwe Gwlad yn 2007 roedd cefnogwyr yr Eidal mor bles â'r perfformiad fel y daeth 10,000 ohonyn nhw ynghyd yn y Piazza del Popolo yn Rhufain i gyfarch y chwaraewyr ar ôl eu gêm olaf yn y bencampwriaeth honno. Llysenw tîm yr Eidal yw *Azzurri* ar ôl lliw glas y crys rygbi.

Nick Mallett

Sergio Parisse

Y Daith

Bu'r Eidal yn cystadlu ym mhob Cwpan y Byd ers y dechrau. Cafodd ei gobeithion o wneud yn dda yng Nghwpan y Byd 2011 hwb enfawr yn ystod Pencampwriaeth y Chwe Gwlad eleni pan enillodd hi yn erbyn Ffrainc. Dyna un o'r canlyniadau mwyaf annisgwyl yn hanes y gystadleuaeth honno. Daeth o fewn trwch blewyn i faeddu Iwerddon hefyd. Cyn hynny, yn ystod hydref 2010, collodd yn erbyn yr Ariannin ac Awstralia. Eto gwnaeth yn dda i gael buddugoliaeth yn erbyn Ffiji, oedd yn uwch na hi ar restr goreuon yr IRB.

Record

Ni lwyddodd yr Eidal i fynd ymhellach na'r rowndiau rhagbrofol. Yn 2003 cafodd ddwy fuddugoliaeth, yn erbyn Tonga a Chanada. Yn 2007 enillodd ddwy gêm eto, y tro hwn yn erbyn Rwmania a Phortiwgal, gan ddod o fewn tri phwynt i gyrraedd rownd yr wyth olaf. Dim ond unwaith, yn 1999, y methodd yr Eidal gael buddugoliaeth o gwbl yng Nghwpan y Byd. Bryd hynny, collodd 101-3 yn erbyn y Crysau Duon yn un o'r gêmau rhagbrofol.

GWYLIWCH RHAIN

Sergio Parisse

Cafodd yr wythwr hwn, sy'n chwarae i glwb Stade Français, ei fagu ar aelwyd Eidalaidd yn yr Ariannin, tra oedd ei dad yn gweithio yno. Dychwelodd i'r Eidal i chwarae i Treviso yn 2001 a chael ei ddewis i gynrychioli'i wlad yn erbyn y Crysau Duon y flwyddyn wedyn ac yntau ond yn 18 oed. Bu'n aelod cyson o dîm yr Eidal ers hynny a chwaraeodd yng Nghwpan y Byd yn 2003 a 2007. Yn 2008 cafodd ei ddewis ar restr fer gwobr Chwaraewr Gorau'r IRB y flwyddyn honno.

Martin Castrogiovanni

Ganwyd y prop pen tyn hwn, sy'n 6' 2" ac yn pwyso 19 stôn, yn yr Ariannin. Cafodd yntau hefyd ei gêm gyntaf i'r Eidal yn erbyn Seland Newydd yn 2002. Yn 2004, mewn gêm yn erbyn Siapan, sgoriodd dri chais! Yn ystod Pencampwriaeth y Chwe Gwlad yn 2008 sgoriodd fwy o geisiau na neb arall yn nhîm yr Eidal. Bu'n chwarae i Gaerlŷr ers 2006 a chymerodd ran yng Nghwpan y Byd yn 2003 a 2007. Enillodd enw iddo'i hunan fel prop cadarn dros ben.

Alessandro Troncon

Mewnwr o Treviso a chwaraeodd 101 o weithiau dros ei wlad, sy'n fwy nag unrhyw chwaraewr arall o'r Eidal. Chwaraeodd hefyd mewn pedwar Cwpan Byd rhwng 1995 a 2007. Mae'n hyfforddwr cynorthwyol gyda'r tîm cenedlaethol ers 2008.

Alessandro Troncon

SEREN O'R GORFFENNOL

RWSIA

Poblogaeth: 142 miliwn
Iaith: Rwseg, ond ceir 27 o ieithoedd cydswyddogol eraill mewn rhannau o'r wlad.
Prifddinas: Moscow
Arlywydd: Dmitri Medvedev

Hanes

Credir bod rygbi'n cael ei chwarae yn yr Ymerodraeth Rwsiaidd cyn Chwyldro 1917, a deng mlynedd cyn y chwaraewyd pêl-droed yno yn 1892. Ond rhwystrwyd pobl rhag chwarae rygbi am flynyddoedd gan heddlu'r Tsar gan ei fod yn 'rhy ffyrnig ac yn debygol o achosi terfysg'. Cynhaliwyd y gêm rygbi gystadleuol gyntaf yn Moscow yn 1923, ac yn 1936 cynhaliwyd Pencampwriaeth Rygbi Rwsia am y tro cyntaf. Ond rhwng 1949 ac 1957 gwaharddwyd y gêm gan ei bod, yn ôl yr awdurdodau Sofietaidd, yn 'brwydro yn erbyn cosmopolitaniaeth'. Yn 1975 chwaraeodd tîm cenedlaethol Rwsia ei gêm gyntaf ac erbyn hyn ceir tua 100 o glybiau a 14,500 o chwaraewyr rygbi yn y wlad.

Ym mis Tachwedd 2010 cafwyd y sgôr uchaf erioed yn ei herbyn pan gollodd 3-75 i Siapan.

A wyddoch chi?

Ceir hoe yn ystod y tymor rygbi yn Rwsia am fod y tywydd yn gallu bod mor ddrwg ond yn 1978 cynhaliwyd gêm rygbi mewn tywydd oedd gyda'r oeraf erioed, sef -23 C. Gan fod tîm Krasnoyarsk wedi teithio dros 1,200 milltir o Siberia i chwarae yn erbyn Polyechika Alma, penderfynwyd na ddylid gohirio'r gêm. Yn hytrach, gwisgwyd yn gynnes ar ei chyfer, gyda phawb yn defnyddio capiau balaclafa, menyg a sawl tracwisg.

Ym Mehefin 2006 cafodd 100 o bobl eu cludo i'r ddalfa mewn tre yn ne Rwsia pan gredodd yr heddlu eu bod yn rhan o frwydr derfysgol. Mewn gwirionedd gêm rygbi oedd ar waith! Pan laniodd 70 o blismyn yn y cae chwarae ro'n nhw'n meddwl bod dau gang afreolus yn ymosod ar ei gilydd. Cafodd pawb eu rhyddhau ymhen ychydig oriau ond gyda rhybudd oddi wrth yr heddlu y byddai'n rhaid rhoi gwybod iddyn nhw y tro nesaf roedd hi'n fwriad i gynnal achlysur o'r fath!

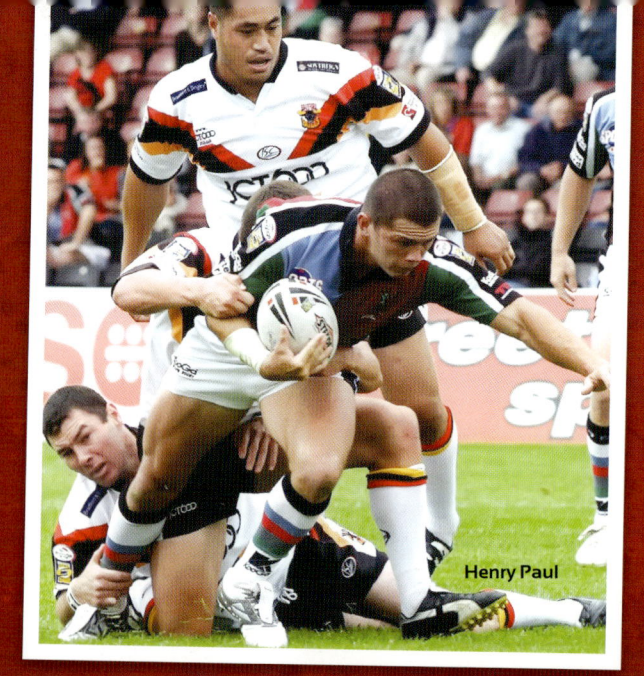

Henry Paul

YR HYFFORDDWR

Nikolai Nerush

Nikolai Nerush yw prif hyfforddwr y wlad, ond gwahoddwyd y Cymro a chyn-hyfforddwr Sale, Kingsley Jones, i gymryd at y gwaith o hyfforddi tîm Rwsia am gyfnod. Cyn hynny bu Steve Diamond yn gwneud y gwaith hwnnw ond gadawodd ar ddiwedd 2010 i ymgymryd â swydd gyda chlwb rygbi Sale. Henry Paul yw hyfforddwr olwyr Rwsia.

Sergei Sergeyev

SEREN O'R GORFFENNOL

Cawr yn yr ail reng ac un o'r cyntaf o'r llond dwrn o chwaraewyr o Rwsia aeth i ddilyn gyrfa yn Ffrainc. Bu'n chwarae i glwb Montauban am dros 15 mlynedd cyn symud i Agen am ychydig ryw bedair blynedd yn ôl. Bu'n gapten ar dîm Montauban a chafodd ei ddewis yn Chwaraewr y Flwyddyn yn Ffrainc yn 2001. Bu'n gapten ar ei wlad sawl gwaith a bellach mae ei fab, sydd hefyd yn chwarae yn yr ail reng i Montauban, yng ngharfan Rwsia.

Y Daith

Daeth Rwsia yn gymwys i chwarae yn rowndiau terfynol Cwpan y Byd 2011 trwy orffen yn yr ail safle yng Nghwpan Gwledydd Ewrop (2008-10). I gyrraedd yno bu'n rhaid iddi chwarae yn erbyn Georgia, Portiwgal, Rwmania a'r Almaen ddwywaith yr un. Mae hi'n 19eg ar restr goreuon gwledydd rygbi'r IRB.

Record

Nid yw wedi cyrraedd y rowndiau terfynol o'r blaen. Er hynny, gwrthododd wahoddiad i gymryd rhan yn y gystadleuaeth yn 1987 fel protest yn erbyn polisi apartheid De Affrica cyn i'r IRB benderfynu diarddel y Springboks o Gwpan y Byd y flwyddyn honno.

Treuliodd y tîm nifer o wythnosau yn Seland Newydd ddechrau 2011 er mwyn cynefino â'r wlad a chafodd ddwy fuddugoliaeth galonogol yn erbyn timau De Canterbury a Taranaki. Cafodd ganlyniadau cymysg yng nghystadleuaeth Cwpan Gwledydd Ewrop ddechrau 2011, gan golli'n drwm i Rwmania.

GWYLIWCH RHAIN

Vasily Artemiev

Asgellwr a chefnwr 23 oed a ddatblygodd fel chwaraewr rygbi yn Iwerddon. Cynrychiolodd dîm ysgolion Iwerddon a'r tîm cenedlaethol o dan 19. Roedd yn aelod o glwb rygbi Coleg Blackrock a bu'n chwarae i dîm prifysgolion Iwerddon yn 2007. Bellach mae'n ôl yn ei famwlad ac yn chwarae i VVA-Podmoskovye. Bu'n aelod cyson o dîm Rwsia ers 2009.

Yn ddiweddar bu sôn bod gan glwb Northampton ddiddordeb ynddo.

Kirill Kulemin

Chwaraewr ail reng pwerus, sy'n 6' 6'' ac yn pwyso 20 stôn. Symudodd o glwb rygbi'r gynghrair Dynamo Moscow i chwarae yn Ffrainc yn 2004, yn gyntaf i Agen a bellach i Castres. Mae'n 30 oed ac enillodd ei gap cyntaf chwe blynedd yn ôl.

Vasily Artemiev

UNOL DALEITHIAU AMERICA

Poblogaeth: 308.8 miliwn
Prif iaith: Saesneg
Prifddinas: Washington
Arlywydd: Barack Obama

GRŴP C

Luke Gross

Rhwng 1996 a 2003 enillodd Luke Gross, cawr 6' 9'' a chwaraeai yn yr ail reng, 62 o gapiau i UDA, sy'n dal i fod yn record. Ni ddechreuodd chwarae rygbi tan ei fod e'n 24 oed ac yntau'n fyfyriwr. Treuliodd nifer o flynyddoedd yn chwarae ym Mhrydain gan gynnwys cyfnod gyda'r Scarlets. Bu'n gapten ar ei wlad a bellach mae'n un o'r tîm sy'n hyfforddi carfan bresennol UDA.

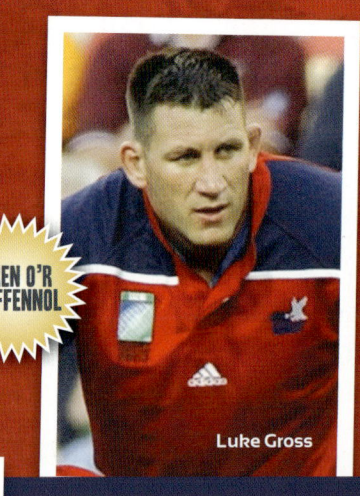

SEREN O'R GORFFENNOL

Luke Gross

Hanes

Credir bod ffurf ar rygbi, o dan yr enw 'pêl-droed', yn cael ei chwarae mor bell yn ôl â'r 1840au, a hynny yng ngholegau Harvard, Yale a Princeton. Cyflwynwyd y gêm yno gan Americanwyr a gafodd eu haddysg mewn ysgolion yn Lloegr.

Yn 1874 cynhaliwyd y gêm gystadleuol gyntaf yn y wlad, rhwng colegau Harvard a McGill. Yn 1919 cafodd UDA ei buddugoliaeth ryngwladol gyntaf, a hynny'n erbyn Rwmania. Enillodd fedal aur yn y Gêmau Olympaidd yn 1920 ac 1924.

Ni ffynnodd rygbi lawer yn y wlad tan chwedegau a saithdegau'r ganrif ddiwethaf ac yn 1975 ffurfiwyd Undeb Rygbi Unol Daleithiau America. Erbyn hyn credir bod tua 81,000 o ddynion yn chwarae rygbi yno.

Eddie O'Sullivan

YR HYFFORDDWR

Eddie O'Sullivan

Ers 2009 bu Eddie O'Sullivan yn hyfforddi tîm UDA pan gymerodd le Scott Johnson a symudodd at dîm y Gweilch. Cyn hynny cafodd lwyddiant mawr fel hyfforddwr Iwerddon rhwng 2001 a 2008, wedi iddo ddilyn Warren Gatland i'r swydd honno. Bu'n hyfforddwr cynorthwyol gydag UDA yn 1997-8 ac yn Gyfarwyddwr Technegol Cenedlaethol, cyn symud i swydd hyfforddwr cynorthwyol gydag Iwerddon yn 1999. Enillodd 3 Coron Driphlyg gydag Iwerddon yn 2004, 2006 a 2007.

Takudzwa Ngwenya

Y Daith

Yn y gêmau cymhwyso ar gyfer Cwpan y Byd 2011 cafodd tîm UDA fuddugoliaeth yn erbyn Canada ond collodd un gêm yn ei herbyn hefyd. Yn ogystal trechwyd Uruguay ddwy waith. Perfformiad cymysg a gafwyd ganddi yn ei gêmau yn ystod yr hydref diwethaf, a hithau'n maeddu Portiwgal ond yn colli i Georgia a thîm A yr Alban.

Record

Mae tîm UDA wedi cymryd rhan ym mhob Cwpan y Byd ers y dechrau ac eithrio'r un a gynhaliwyd yn 1995. Er hynny, dim ond dwy fuddugoliaeth gafodd hi mewn 17 o gêmau rhagbrofol a hynny yn erbyn Siapan, yn 1987 ac eto yn 2003. Ar hyn o bryd mae hi'n 16eg ar restr goreuon yr IRB ac yn gwneud enw iddi hi'i hun hefyd fel tîm saith bob ochr dawnus iawn.

A wyddoch chi?

Llysenw'r tîm yw'r 'Eryrod' gan mai eryr yw symbol cenedlaethol UDA.
Yn 1862, pan oedd rygbi'n trio ennill ei blwy yn y wlad, cafodd myfyrwyr Coleg Yale eu gwahardd rhag ei chwarae gan ei bod hi'n gêm 'rhy dreisgar a pheryglus'!
Pan gollodd yr Eryrod i Awstralia, 55-19, yn rowndiau rhagbrofol Cwpan y Byd 1999, nhw oedd yr unig dîm i sgorio cais yn erbyn Awstralia, a aeth ymlaen i ennill y Cwpan, yn ystod yr holl gystadleuaeth.

GWYLIWCH RHAIN

Takudzwa Ngwenya

Asgellwr o Zimbabwe a aeth i Texas yn 18 oed. Chwaraeodd i glwb Dallas am ychydig o flynyddoedd cyn cael cynnig i chwarae i Biarritz. Daeth y gwahoddiad hwnnw yn sgil y cais cyfareddol a sgoriodd yn erbyn De Affrica yng Nghwpan y Byd 2007, pan aeth heibio i'r asgellwr Bryan Habana yn rhwydd. Collodd UDA 64-15 yn y gêm honno ond cafodd y cais hwnnw ei ddewis yn gais gorau Cwpan y Byd 2007 ac yn gais gorau'r flwyddyn honno gan yr IRB. Sgoriodd gais cofiadwy arall i Biarritz yn erbyn y Gweilch y llynedd pan aeth heibio i Shane Williams ar wib a rhedeg 80 metr i sgorio. Enillodd ei gap cyntaf i'w wlad yn 2007 wedi iddo chwarae i dîm o dan 19 a thîm saith bob ochr UDA.

Todd Clever

Chwaraeodd gyntaf i UDA yn erbyn yr Ariannin yn 2003 ac yntau'n 20 oed. Cyn hynny roedd wedi chwarae i dîm o dan 19 oed ei wlad. Bu'r blaenasgellwr hwn yn aelod cyson o'r tîm cenedlaethol ers cael ei gap cyntaf ac ef yw'r capten bellach. Bu'n chwarae rygbi ar y lefel uchaf yn Seland Newydd, De Affrica (yr Americanwr cyntaf erioed i chwarae yn y Super 14) ac yn Siapan.

Todd Clever

DE AFFRICA

Poblogaeth: 50 miliwn
Ieithoedd: 11 iaith swyddogol (Afrikaans, Saesneg a 9 o ieithoedd Bantu brodorol)
Prifddinas: Pretoria
Arlywydd: Jacob Zuma

GRŴP D

Fourie Du Preez

Hanes

Chwaraewyd rygbi gyntaf yn y wlad yn 1862 mewn gêm rhwng chwaraewyr oedd ar wasanaeth milwrol a dinasyddion cyffredin. Roedden nhw wedi dysgu sut i chwarae'r gêm yn rhai o ysgolion Lloegr. Tyfodd y gêm ymhlith y boblogaeth Afrikaner ac yn 1875 ffurfiwyd y clwb cyntaf yn y wlad. Yn 1899 sefydlwyd Bwrdd Rygbi De Affrica. Cafwyd y daith dramor gyntaf gan dîm yn cynrychioli De Affrica yn 1906 pan chwaraewyd nifer o gêmau ym Mhrydain a Ffrainc. Yn y man daeth y Springboks yn un o dimau rygbi cryfaf y byd gan chwarae'n rheolaidd yn erbyn timau gwledydd Prydain, Awstralia a Seland Newydd. Ond, oherwydd gwrthwynebiad byd-eang cynyddol i bolisi apartheid De Affrica rhwng 1960 ac 1980, penderfynodd nifer fawr o wledydd beidio ag arddel unrhyw gysylltiad ffurfiol â hi ym maes chwaraeon. Cafodd De Affrica ei derbyn 'nôl i gylchoedd rhyngwladol y byd rygbi yn 1992. Mae gan Dde Affrica 614,000 o chwaraewyr.

YR HYFFORDDWR

Peter de Villiers

Cafodd Peter de Villiers ei benodi'n hyfforddwr yn 2008, y tro cyntaf i ddyn gwyn beidio â dal y swydd honno. O ganlyniad, cafwyd tipyn o anghydfod, gyda nifer yn honni mai oherwydd lliw ei groen y cafodd ei benodi. Er hynny roedd wedi cael tipyn o brofiad fel hyfforddwr y timau cenedlaethol o dan 19 ac o dan 21 a chyda rhai o glybiau taleithiol De Affrica.

Peter de Villiers

A wyddoch chi?

Defnyddiwyd yr enw Springboks ar dîm De Affrica yn ystod eu taith dramor gyntaf yn 1906. Yr ymwelwyr a ddewisodd yr enw eu hunain, *springbokken*, rhag i'r wasg yn Lloegr roi enw dilornus arnyn nhw. Erbyn hyn y springbok yw anifail cenedlaethol y wlad. Yn 1994 roedd y blaid oedd mewn grym yn y De Affrica newydd, yr ANC, am newid enw'r tîm o Springboks i Proteas ar ôl eu blodyn cenedlaethol. Dyna wnaeth tîm criced y wlad, a oedd ar un amser hefyd yn cael eu galw'n Springboks. Ond gwrthododd Nelson Mandela adael i'r ANC wneud hynny.

Yn ystod Rhyfel y Böer yn 1880 cafwyd cadoediad am un diwrnod yn ystod y brwydro er mwyn chwarae gêm rygbi rhwng milwyr byddin Prydain a milwyr byddin y Boeriaid.

GWYLIWCH RHAIN

Fourie Du Preez
Mewnwr a gafodd ei ddisgrifio gan Graham Henry fel 'hanerwr gorau'r byd'. Collodd nifer fawr o gêmau y llynedd oherwydd anaf drwg i'w ysgwydd a gwelodd y Springboks ei eisiau'n fawr. Yn 2009 cafodd ei ddewis yn Chwaraewr Gorau De Affrica am yr ail dro ac yn 2006, ef oedd Chwaraewr Gorau yr IRB.

Victor Matfield
Yn ôl y farn gyffredin dyma'r clo gorau yn y byd. Mae'n feistr ar ennill y bêl yn y lein ar dafliad ei dîm ei hun ac yn aml ar dafliad y gwrthwynebwyr. Mae e hefyd yn gyflym o gwmpas y cae. Yng Nghwpan y Byd 2007 cafodd ei ddewis yn chwaraewr gorau'r gystadleuaeth. Ers ei gêm gyntaf dros ei wlad yn 2001 chwaraeodd 105 o weithiau i'r Springboks.

Victor Matfield

Y Daith
Enillodd De Affrica le awtomatig yn rowndiau terfynol Cwpan y Byd 2011 gan mai hi a gipiodd y cwpan yn 2007. Ond cymysg iawn fu perfformiad y Boks yn ddiweddar. Mae'n wir iddyn nhw ennill Cystadleuaeth y Tair Gwlad a maeddu'r Llewod yn 2009 ond cafwyd chwarae siomedig iawn ganddyn nhw yng Nghystadleuaeth y Tair Gwlad 2010. Doedden nhw ddim chwaith ar eu gorau yn ystod eu taith i Brydain yn ystod hydref 2010. Mae'n 3ydd ar restr yr IRB.

Record
Oherwydd polisi apartheid y wlad cafodd De Affrica ei gwahardd o Gwpan y Byd tan 1995. Y flwyddyn honno cynhaliwyd y gystadleuaeth yn Ne Affrica a'r tîm cartref a gipiodd Gwpan Webb Ellis ar ôl rownd derfynol gofiadwy yn erbyn Seland Newydd.

Yn 1999 collodd yn y rownd gynderfynol yn erbyn Awstralia, gan fynd ymlaen i faeddu Seland Newydd i gipio'r trydydd safle. Enillodd y cwpan eto yn 2007 ar ôl curo Lloegr yn y ffeinal.

Percy Montgomery
Pan orffennodd y cefnwr disglair chwarae ar y lefel uchaf yn 2008 roedd yn dal dwy record bwysig - ennill y nifer fwyaf erioed o gapiau i Dde Affrica (102) a sgorio nifer fwyaf o bwyntiau dros ei wlad. Mae'n dal ei afael o hyd ar yr ail record gyda chyfanswm o 893 o bwyntiau. Rhwng 2002 a 2005 bu'n chwarae i Gasnewydd a Dreigiau Gwent.

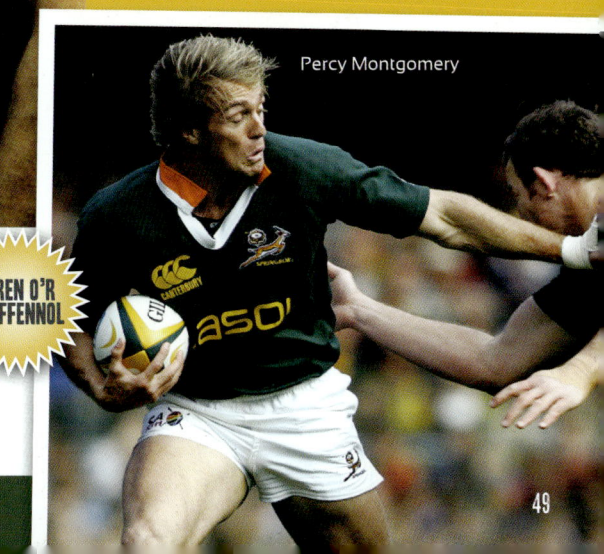

Percy Montgomery

SEREN O'R GORFFENNOL

49

CYMRU

Poblogaeth: 3 miliwn
Ieithoedd: Cymraeg a Saesneg
Prifddinas: Caerdydd
Arweinydd: Carwyn Jones

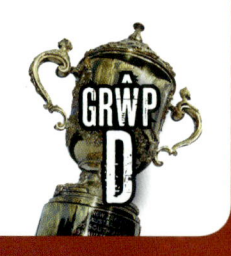

GRŴP D

Shane Williams

Hanes

Chwaraewyd rygbi yng Nghymru am y tro cyntaf yn 1850 pan gyflwynodd y Parchedig Rowland Williams, Is-brifathro Coleg Dewi Sant, y gêm i'w fyfyrwyr ond aeth dros ugain mlynedd heibio cyn y ffurfiwyd y clwb cyntaf, sef Castell Nedd, yn 1871. Datblygodd y gêm i ddechrau ymhlith myfyrwyr ond rhwng 1875 ac 1900 ffurfiwyd o leiaf un tîm rygbi yn y rhan fwyaf o drefi a phentrefi de Cymru. Yn 1881 ffurfiwyd Undeb Pêl-droed Cymru (a ddaeth maes o law yn Undeb Rygbi Cymru) i reoli'r gêm. Yn yr un flwyddyn chwaraeodd y tîm cenedlaethol ei gêm ryngwladol gyntaf yn erbyn Lloegr yn Blackheath ac erbyn 1883 roedd Pencampwriaeth Gwledydd Prydain ar waith.

Ddechrau'r 20fed ganrif daeth timau o hemisffer y de i chwarae ym Mhrydain ac erbyn 1908 roedd Cymru wedi cystadlu yn erbyn y Crysau Duon, Awstralia a De Affrica. Ond roedd y 1920au yn gyfnod ansefydlog iawn yn hanes rygbi'r wlad. Yn 1924 dewiswyd 35 o chwaraewyr ar gyfer pedair gêm Cymru ym Mhencampwriaeth Gwledydd Prydain.

Yn 1933 cafodd ei buddugoliaeth gyntaf yn Twickenham a dwy flynedd wedyn maeddodd hi'r Crysau Duon am yr ail waith, gan ennill eto yn eu herbyn yn 1953. Wedi i Gymru golli'n drwm i Dde Affrica yn ystod ei hymweliad â'r wlad honno yn 1964, penodwyd hyfforddwr cyntaf y tîm cenedlaethol yn 1967, sef David Nash. Er iddo ymddiswyddo ar ôl blwyddyn fe welwyd yn fuan gychwyn ar oes aur rygbi yng Nghymru. Rhwng 1969 ac 1979 dim ond ar 7 achlysur y collodd Cymru ym Mhencampwriaeth y Pum Gwlad. Yn 1971 enillodd hi'r Gamp Lawn trwy ddefnyddio 16 o chwaraewyr yn unig, a dyna ddigwyddodd yn 1976 hefyd.

Roedd hi'n stori wahanol ar ddechrau'r wythdegau. Rhwng 1980 ac 1986 dim ond mewn dwy gêm bob tymor roedd Cymru'n fuddugol ym Mhencampwriaeth y Pum Gwlad. Roedd dechrau'r nawdegau hyd yn oed yn fwy siomedig. Yn 1990 collodd Cymru bob gêm ym Mhencampwriaeth y Pum Gwlad a'r flwyddyn wedyn bu bron i'r un peth ddigwydd eto ond cafodd un gêm gyfartal. Yna, yn 1998, penodwyd Graham Henry yn hyfforddwr ac enillodd Cymru 11 buddugoliaeth yn olynol o dan ei ofal. Uchafbwyntiau degawd cyntaf y ganrif bresennol oedd ennill dwy Gamp Lawn, y naill yn 2005, gyda Mike Ruddock yn hyfforddwr, a'r llall yn 2008, o dan arweiniad Warren Gatland.

Bellach, mae tua 50,000 o ddynion yn chwarae rygbi yng Nghymru.

Y Daith

Er bod Cymru wedi methu mynd ymhellach na'r rowndiau rhagbrofol yng Nghwpan y Byd 2007, roedd y ffaith ei bod wedi gorffen yn y tri cyntaf yn ei grŵp ar ddiwedd y gêmau hynny yn golygu y byddai'n cael lle awtomatig yn rowndiau terfynol Cwpan y Byd 2011. Er hynny, nid yw'r cyfnod yn arwain at Gwpan y Byd wedi bod yn llwyddiannus iawn. Yng ngêmau'r hydref yn 2010 collodd ei gêmau yn erbyn Seland Newydd, De Affrica ac Awstralia gan lwyddo i gael gêm gyfartal yn erbyn Ffiji. Ym Mhencampwriaeth y Chwe Gwlad cafwyd perfformiad cymysg gan Gymru a hithau'n fuddugol yn erbyn yr Alban, yr Eidal ac Iwerddon. Gorffennodd yn y pedwerydd safle fel a ddigwyddodd hefyd ar ddiwedd y ddau dymor cyn hynny.

Ar hyn o bryd mae Cymru'n 7fed ar restr yr IRB. Ers sefydlu'r rhestr honno yn 2003, yr uchaf mae Cymru wedi'i gyrraedd yw'r 4ydd safle ar ddechrau 2009. Ei safle isaf erioed oedd 10fed, yn dilyn Cwpan y Byd 2007.

Record

Ymddangosodd Cymru ym mhob Cwpan y Byd ers y dechrau yn 1987. Yr adeg honno enillodd ei thair gêm ragbrofol a churo Lloegr yn rownd yr wyth olaf. Wedi iddi golli i'r Crysau Duon yn y rownd gynderfynol, aeth ymlaen i guro Awstralia yn y gêm oedd yn pennu'r trydydd a'r pedwerydd safle.

Yn 1991 a 1995 methodd Cymru fynd ymhellach na'r rowndiau rhagbrofol, gan ennill un gêm yn unig yn y naill gystadleuaeth a'r llall. Gwnaeth yn well yn y ddau Gwpan Byd dilynol gan golli yn y rownd gogynderfynol yn 1999 (a hithau wedi gorffen ar frig ei grŵp) ac yn 2003. Yn 2007 bu'n rhaid iddi adael y gystadleuaeth ar ôl gorffen yn y trydydd safle yn ei grŵp, a hithau wedi colli yn erbyn Ffiji a'r Crysau Duon.

James Hook

Gareth Edwards

Mae wedi cael ei ddisgrifio gan lawer fel y chwaraewr rygbi gorau erioed a derbyniodd nifer fawr o anrhydeddau. Fel mewnwr, roedd ganddo'r doniau i gyd – cyflymder, dycnwch a nerth, ac roedd e hefyd yn basiwr ardderchog ac yn giciwr medrus o'r dwylo. Sgoriodd nifer o geisiau cofiadwy a disgrifiwyd yr un a gafodd dros y Barbariaid yn erbyn y Crysau Duon yn 1973 fel y cais gorau erioed. Roedd e'n chwarae i glwb Caerdydd a bu'n aelod o dîm Cymru rhwng 1967 ac 1978 gan ennill 53 o gapiau. Yn ystod y cyfnod hwnnw chwaraeodd ym mhob un o gêmau'r tîm cenedlaethol, heb fethu'r un oherwydd anaf nac oherwydd iddo gael ei adael mas o'r tîm.

Ef oedd y capten ieuengaf erioed ar ei wlad ac yntau wedi ei ddewis i wneud y gwaith hwnnw yn 1968 pan oedd yn 20 oed. Chwaraeodd i'r Llewod yn 1968, 1971 ac yn 1974.

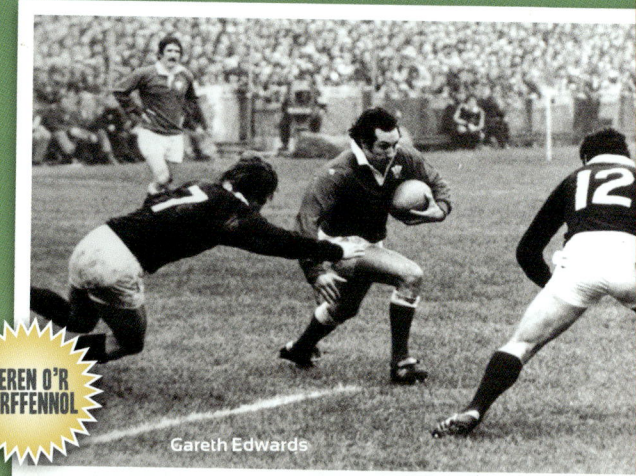

SEREN O'R GORFFENNOL

Gareth Edwards

51

YR HYFFORDDWR
Warren Gatland

Mae Warren Gatland yn 47 oed ac yn frodor o Hamilton, Seland Newydd. Chwaraeodd 140 o weithiau fel bachwr i dîm Waikato rhwng 1988 ac 1994, ac yntau'n gapten ar y tîm am y rhan fwyaf o'r cyfnod hwnnw. Roedd yn dîm llwyddiannus iawn a faeddodd yn ei dro dîm Cymru, y Llewod, Canada, yr Ariannin, Awstralia a Gorllewin Samoa tra oedd Gatland yn aelod ohono. Enillodd hefyd 17 o gapiau dros y Crysau Duon.

Ar ôl gorffen chwarae treuliodd ychydig o amser yn hyfforddi yn Iwerddon a Lloegr cyn mynd yn Gyfarwyddwr Rygbi ar dîm Connacht yn 1996. Cafodd dipyn o lwyddiant yno ac, o ganlyniad, ar ôl dwy flynedd, cafodd ei benodi'n hyfforddwr tîm Iwerddon. Yn 2001 penderfynodd Undeb Rygbi Iwerddon beidio ag adnewyddu ei gytundeb. Siomedig at ei gilydd oedd perfformiad y tîm cenedlaethol o dan ei arweiniad, gan ennill 18 buddugoliaeth yn unig mewn 38 o gêmau.

Ond rhwng 2002 a 2005 cafodd Gatland gyfnod eithriadol o lwyddiannus fel hyfforddwr a chyfarwyddwr rygbi tîm Wasps. Yn 2002, 2003 a 2004, nhw oedd pencampwyr Uwch-gynghrair Lloegr ac yn 2004 hefyd, nhw gipiodd Gwpan Heineken.

Ar ôl dychwelyd am gyfnod i hyfforddi yn Seland Newydd, cafodd ei benodi'n hyfforddwr tîm Cymru ym mis Rhagfyr 2007. Ym mis Chwefror 2008, yn ei gêm gyntaf wrth y llyw, enillodd Cymru yn erbyn Lloegr yn Twickenham am y tro cyntaf ers 1988 ac aeth hi ymlaen i ennill y Gamp Lawn. Yn 2009 Warren Gatland oedd hyfforddwr blaenwyr y Llewod ar eu taith i Dde Affrica.

Warren Gatland

GWYLIWCH RHAIN
Sam Warburton

Heb amheuaeth, y blaenasgellwr agored hwn, sydd ddim ond yn 22 oed, oedd chwaraewr gorau Cymru yn ystod tymor 2010-11. Cynrychiolodd Gymru am y tro cyntaf yn erbyn tîm Unol Daleithiau America ym mis Mehefin 2009 ac erbyn hyn enillodd 14 o gapiau. Cyn hynny bu'n gapten ar dîm dan 20 ei wlad.

Pan oedd yn ifanc bu'n chwarae ochr yn ochr â Gareth Bale yn nhîm pêl-droed Ysgol Uwchradd yr Eglwys Newydd a chafodd gyfle i wneud gyrfa iddo'i hunan yn y gamp honno. Ond rygbi a enillodd y dydd ac ers ei lencyndod bu'n aelod o glwb Gleision Caerdydd.

Cafodd drafferth gydag anafiadau ers iddo ddechrau chwarae ar y lefel uchaf, ond os bydd yn holliach yn ystod Cwpan y Byd credir mai ef fydd un o sêr tîm Cymru.

A wyddoch chi?

Erbyn 1893, pan enillodd Cymru Bencampwriaeth Gwledydd Prydain am y tro cyntaf, roedd hi wedi datblygu dull newydd o chwarae oedd yn drech na thimau'r gwledydd eraill. Defnyddiai 4 o chwaraewyr yn llinell y tri-chwarteri, gan wneud cyfanswm o 7 o olwyr ac 8 blaenwr. Tan hynny byddai timau'n defnyddio 6 o olwyr (yn cynnwys dim ond 3 yn llinell y tri-chwarteri) a 9 blaenwr. Yn y man dilynwyd dull Cymru o chwarae gan bawb arall.

Yn 1905 pan gododd torf o 47,000 ym Mharc yr Arfau i ganu 'Hen Wlad fy Nhadau' fel ymateb i'r *haka* roedd y Crysau Duon newydd ei berfformio, dyna oedd y tro cyntaf erioed i anthem genedlaethol gael ei chanu cyn unrhyw achlysur yn y byd chwaraeon.

Yn 2007 sefydlodd Undeb Rygbi Cymru Dlws James Bevan, capten cyntaf erioed y tîm rygbi cenedlaethol, i gydnabod canmlwyddiant cynnal gêmau rygbi rhwng Cymru ac Awstralia. Bydd y ddau dîm bellach yn ymgiprys yn rheolaidd am y tlws hwnnw sydd ar hyn o bryd ym meddiant Awstralia. Yr un flwyddyn, i gydnabod canmlwyddiant cynnal gêmau rhwng Cymru a De Affrica, sefydlwyd Cwpan y Tywysog William. Nid yw Cymru eto wedi ennill y cwpan hwn.

Sam Warburton

George North

Mae dyrchafiad yr asgellwr 19 oed hwn i'r brig wedi bod yn rhyfeddol. Ac yntau wedi chwarae 6 gêm yn unig i'r Scarlets ar y lefel uchaf, cafodd ei ddewis ym mis Tachwedd 2010 i chwarae i Gymru yn erbyn De Affrica yn Stadiwm y Mileniwm. Sgoriodd ddau gais cofiadwy iawn a chreu sawl record - ef oedd y chwaraewr ieuengaf erioed i sgorio cais yn ystod ei gêm gyntaf dros Gymru, a'r ieuengaf erioed i sgorio dau gais yn erbyn un o brif wledydd y byd. Ers y diwrnod hwnnw byddai wedi ennill mwy na'r pedwar cap sydd ganddo hyd yn hyn ond cafodd ei lethu gan anafiadau a'i cadwodd o'r tîm cenedlaethol. Mae'n gawr o ran maint, yn 6'4" o daldra ac yn pwyso 16 stôn a hanner, ac yn rhedwr cryf a chyflym. Cafodd y Cymro Cymraeg hwn ei eni yn King's Lynn sy'n ei wneud e'n gymwys i chwarae i Loegr ond ni wnaeth, mae'n debyg, ystyried hynny am eiliad! Yn 1995, pan oedd yn 2 oed, symudodd y teulu i Sir Fôn, cynefin ei fam. Aeth i Ysgol Uwchradd Bodedern ac yna i Goleg Llanymddyfri. Dechreuodd ei yrfa rygbi yng nghlwb Llangefni gan symud yn ddiweddarach i glybiau Pwllheli a Rhyl, cyn ymuno â'r Scarlets.

George North

53

FFIJI

Poblogaeth: 950,000
Prif ieithoedd: Ffijieg, Saesneg, Ffiji Hindi
Prifddinas: Suva
Arlywydd: Epeli Nailatikau

GRŴP D

YR HYFFORDDWR
Sam Domoni

Enillodd Sam Domoni 5 cap fel clo i Ffiji a bu'n chwarae am gyfnod yn Lloegr i dimau'r Saraseniaid, y Gwyddelod yn Llundain a Redruth. Cafodd ei benodi'n hyfforddwr yn 2009 ar ôl iddo dreulio rhyw bum mlynedd yn hyfforddi rhai o dimau llai Awstralia. Cafodd ei benodiad ei feirniadu gan rai yn Ffiji oherwydd iddo gael cyn lleied o brofiad cyn hynny.

Waisale Serevi

Chwaraeodd y mewnwr bach 39 o weithiau i Ffiji rhwng 1988 a 2003 a thair gwaith yn rowndiau terfynol Cwpan y Byd yn 1991, 1999 a 2003. Er hynny, roedd yn fwy adnabyddus fel un o'r chwaraewyr rygbi saith bob ochr gorau erioed. Roedd yn feistr ar y gêm honno ac arweiniodd Ffiji at sawl llwyddiant gan gynnwys Cwpan Saith Bob Ochr y Byd yn 2005, yn Hong Kong.

Mae Serevi'n Gristion pybyr ac yn ystod ei yrfa byddai'n pwytho'r geiriau 'Philipiaid 4.13' ar ei grys a'i sgidiau rygbi. Roedden nhw'n cyfeirio at yr adnod 'Yr wyf yn gallu pob peth trwy Grist, yr hwn sydd yn fy nerthu i'.

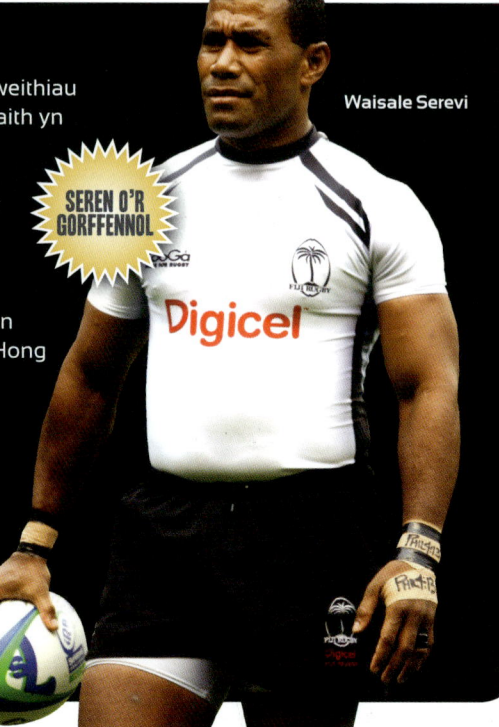

SEREN O'R GORFFENNOL

Waisale Serevi

Y daith

Gan i Ffiji gyrraedd rownd yr wyth olaf yng Nghwpan y Byd 2007, cafodd le awtomatig yn rowndiau terfynol Cwpan y Byd 2011. I gyrraedd rownd y chwarteri yn 2007 fe gurodd hi dîm Cymru 38-31 mewn gêm gyffrous iawn. Y capten yw Deacon Manu sy'n chwarae i dîm y Scarlets.

Record

Bydd Ffiji eleni yn chwarae yn rowndiau terfynol Cwpan y Byd am y chweched tro ers sefydlu'r gystadleuaeth yn 1987. Cyrhaeddodd rownd yr wyth olaf y flwyddyn honno ac eto yn 2007 pan roddodd fraw i enillwyr y Cwpan, De Affrica, wrth golli 37-20 wedi gêm glòs. Ond yn 1991 cafodd gystadleuaeth siomedig wrth iddi golli pob un o'i gêmau grŵp. Yr unig dro iddi fethu â chyrraedd y rowndiau terfynol oedd yn 1995. Cafodd ganlyniadau siomedig yn ystod tymor 2010-11 gan golli i Ffrainc a'r Eidal. Ond llwyddodd i gael gêm gyfartal yn erbyn Cymru yn Stadiwm y Mileniwm ym mis Tachwedd 2010.

A wyddoch chi?

Ers 1939 bu'r tîm yn perfformio'r *cibi* cyn pob gêm, sef dawns ryfel sy'n dyddio o'r hen amser pan fyddai Ffiji'n arfer brwydro yn erbyn brodorion rhai o ynysoedd eraill y Môr Tawel. Y flwyddyn honno, a hwythau ar daith yn Seland Newydd, dysgwyd y ddawns i'r chwaraewyr gan bennaeth un o lwythau traddodiadol y wlad. Bu'n daith hynod o lwyddiannus, gyda'r tîm yn ei chwblhau heb golli un waith, record sy'n sefyll hyd heddiw.

Hyd 1939 roedd yn well gan chwaraewyr Ffiji chwarae'n droednoeth ac roedden nhw wrth eu bodd yn chwarae rygbi agored cyffrous, a ddaeth yn nodwedd gyffredin o'u ffordd nhw o chwarae'r gêm.

GWYLIWCH RHAIN

Seremaia Bai

Maswr neu ganolwr cadarn a phrofiadol sydd wedi bod yn chwarae dros Ffiji ers 2000. Ni chafodd ei ddewis yn aelod o'r garfan ar gyfer Cwpan y Byd 2003 ond roedd yn un o chwaraewyr amlwg y wlad yng Nghwpan y Byd 2007. Mae'n chwarae i glwb Castres yn Ffrainc ar hyn o bryd a chiciodd gôl gosb i ddod â Ffiji'n gyfartal â Chymru 16-16 fis Tachwedd 2010 yn Stadiwm y Mileniwm.

Nemani Nadolo

Asgellwr 23 oed, sydd yn arddel yr enw Ram Naisganiyavi ar ôl enw ei dad ond penderfynodd yn ddiweddar gael ei adnabod bellach wrth enw morwynol ei fam. Ac yntau'n 6'5'' ac yn pwyso 20 stôn mae wedi cael ei ddisgrifio fel y Jonah Lomu newydd. Ef oedd prif sgoriwr ceisiau Cwpan Iau y Byd yn 2007, gan gynrychioli Awstralia, ac ar hyn o bryd mae'n chwarae i Gaerwysg (Exeter) ym mhrif gynghrair Lloegr.

Seremaia Bai

Hanes

Chwaraewyd rygbi gyntaf ar Ynysoedd Ffiji gan filwyr yn 1884 a sefydlwyd Undeb Rygbi yno yn 1913. Er hynny, yn y blynyddoedd cynnar, chwaraeid y gêm gan Ewropeaid yn bennaf. Erbyn hyn rygbi yw'r gêm fwyaf poblogaidd gan y brodorion ac mae 36,000 o chwaraewyr cofrestredig yn y wlad. Mae hi gyda'r cryfaf o wledydd rygbi'r byd ond yn ddiweddar cafwyd amheuon a fyddai Ffiji'n cael cystadlu yng Nghwpan y Byd 2011 oherwydd ymrafael rhwng awdurdodau milwrol y wlad, Undeb Rygbi Ffiji a'r IRB ynghylch materion ariannol yr Undeb.

SAMOA

Poblogaeth: 179,000
Prif ieithoedd: Samöeg, Saesneg
Prifddinas: Apia
Arweinydd: Tufuga Efi

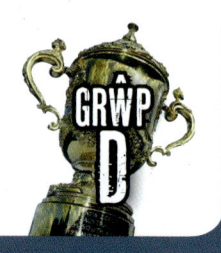

Hanes

Cafodd rygbi ei gyflwyno i'r wlad yn yr 1920au ac yn 1924 ffurfiwyd Undeb swyddogol. Yr adeg honno, a than 1997, gelwid y wlad yn Gorllewin Samoa. Chwaraeodd y tîm cenedlaethol ei gêm gyntaf yn erbyn Ffiji yn 1924 ac ers hynny daeth yn un o wledydd cryfaf y byd rygbi. Ar hyn o bryd mae yn yr 11eg safle ar restr yr IRB.

YR HYFFORDDWR
Fuimaono Titimaea Tafua

Yn 2009 penodwyd Fuimaono Titimaea Tafua yn hyfforddwr y tîm rygbi cenedlaethol. Cyn hynny bu'n hyfforddi tîm saith bob ochr y wlad. Ef oedd capten y tîm cyntaf erioed o Samoa i chwarae yng Nghymru pan chwaraeodd hi ar Barc yr Arfau yn 1988.

Va'aiga (Inga) Tuigamala

Asgellwr grymus a dawnus dros ben a chwaraeodd 19 o weithiau i Seland Newydd a 23 gwaith i Samoa. Chwaraeodd rygbi'r gynghrair i Wigan o 1993 i 1996 ac i Samoa hefyd. Daeth yn ôl i chwarae rygbi'r undeb gyda Wasps a Newcastle. Roedd e'n un o sêr Samoa yng Nghwpan y Byd 1999.

Mae'n Gristion selog ac ef a fu'n gyfrifol, yn anuniongyrchol, am dröedigaeth cyn-gapten Lloegr, Jason Robinson. Mae bellach yn berchen ar gwmni trefnu angladdau ac efallai fod y ffaith taw ef a drefnodd gladdedigaeth Brenin Tonga ychydig yn ôl yn arwydd o'i statws yng ngwledydd Polynesia.

SEREN O'R GORFFENNOL

Inga Tuigamala

Kahn Fotuali'i

Y Daith

Yn rowndiau terfynol Cwpan y Byd 2007 dim ond un gêm a enillodd Samoa, felly bu'n rhaid iddi chwarae dwy gêm ragbrofol yn erbyn Papua Gini Newydd cyn cymhwyso ar gyfer Cwpan y Byd 2011 fel cynrychiolydd Oceania. Enillwyd y ddwy gêm honno'n hawdd iawn.

Record

Ymddangosodd Samoa yn y rowndiau terfynol bob tro ers 1991 ac yn y flwyddyn honno ac yn 1995 cyrhaeddodd rownd yr wyth olaf. Yn 1991 maeddodd dîm Cymru yn y gêmau grŵp ac eto yn 1999.

Ar ei thaith i Brydain yn ystod tymor 2010-11 chwaraeodd yn erbyn Iwerddon, Lloegr a'r Alban. Collodd Samoa bob gêm ond bu'n frwydr ddigon caled rhyngddi a'r tri thîm arall.

A wyddoch chi?

Bydd Samoa yn perfformio hen ddawns ryfel o'r enw *siva-tau* cyn pob gêm a gelwir y tîm weithiau yn Manu Samoa, ar ôl un o ryfelwyr enwoca'r wlad o'r oesoedd cynt.

Tan iddi gael ei hannibyniaeth yn 1962 câi Samoa ei rheoli gan Seland Newydd a bu cysylltiad agos rhwng y ddwy wlad. Byddai nifer fawr o frodorion Samoa yn mudo'n rheolaidd i Seland Newydd yn ystod y ganrif ddiwethaf. Dros y blynyddoedd bu llawer o chwaraewyr o dras Samoaidd yn chwarae i'r Crysau Duon, fel Bryan Williams, Michael Jones a Tana Umaga. Penderfynodd rhai fel Pat Lam a Frank Bunce chwarae i Samoa wedi i'w gyrfa gyda thîm Seland Newydd orffen. Nid yw rheolau'r IRB yn caniatáu hynny bellach. Bu rhai a gafodd eu geni yn Samoa yn cynrychioli'r Crysau Duon, er enghraifft Jerry Collins, Mils Muliaina, ac Inga Tuigamala a ddewisodd chwarae i Samoa yn ddiweddarach.

GWYLIWCH RHAIN

Kahn Fotuali'i

Cafodd ei eni yn Auckland yn 1982 a bu'n chwarae ers rhai blynyddoedd yn y Super League. Mae e bellach yn aelod o dîm Hawkes Bay. Yn y blynyddoedd diwethaf bu sôn amdano fel mewnwr a fyddai'n cynrychioli'r Crysau Duon cyn hir ond yn 2010 chwaraeodd ei gêm gyntaf i Samoa, yn erbyn Siapan. Cafodd ei ddewis yn chwaraewr gorau'r gêm wrth i'w dîm ennill 13-10, ac yntau hefyd yn sgorio unig gais Samoa.

Alesana Tuilagi

Asgellwr mawr, cryf (6'1'' ac yn pwyso dros 18 stôn) a fu'n chwarae i Gaerlŷr ers 2004. Mae'n un o chwe brawd a fu'n cynrychioli Teigrod Caerlŷr. Cafodd ei eni yn Samoa a bu'n chwarae dros ei wlad ers 2002. Roedd yn aelod o'r tîm a chwaraeodd yng Nghwpan y Byd yn 2007.

Alesana Tuilagi

NAMIBIA

Poblogaeth: 2.03 miliwn
Iaith swyddogol: Saesneg er mai Afrikaans yw'r iaith a glywir fwyaf
Prifddinas: Windhoek
Arlywydd: Hifikepunye Pohamba

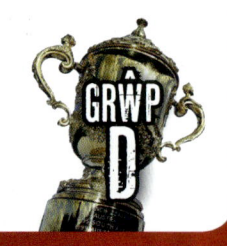

Hanes

Cafodd Namibia ei hannibyniaeth oddi wrth Dde Affrica yn 1990 a ffurfiwyd Undeb Rygbi Namibia yn fuan wedyn. Cyn hynny byddai'r brodorion yn gymwys i gynrychioli De Affrica ar y lefel ryngwladol. Yn wir, roedd dau ohonyn nhw ymhlith chwaraewyr amlycaf y Boks, sef y blaenasgellwr Jan Ellis a'r cefnwr Percy Montgomery. Bu Montgomery yn chwarae i Gasnewydd a Dreigiau Gwent rhwng 2002 a 2005 ac ef oedd y cyntaf i ennill 100 o gapiau dros ei wlad. Mae 7,300 o chwaraewyr rygbi yn Namibia a bydd y tîm cenedlaethol yn cystadlu'n rheolaidd yng nghystadlaethau taleithiol De Affrica. Cafodd rygbi ei gyflwyno i'r wlad yn 1916 gan filwyr De Affrica wedi i'r wlad honno gipio Namibia (neu Dde-orllewin Affrica fel yr oedd hi'n cael ei galw bryd hynny) oddi ar yr Almaenwyr.

YR HYFFORDDWR

Johan Diergaardt

Cafodd Johan Diergaardt ei benodi yn hyfforddwr yn Rhagfyr 2009 ar ôl treulio dwy flynedd fel hyfforddwr cynorthwyol. Cafwyd canlyniadau cymysg o dan ei arweiniad y tymor diwethaf a dim ond un fuddugoliaeth a gafwyd mewn saith gêm yng nghystadleuaeth Cwpan Vodacom i dimau taleithiol De Affrica. Yn ystod haf 2010 enillwyd gêmau yn erbyn timau A yr Alban a'r Eidal, ac yn erbyn Rwmania, ond colli oedd hanes Namibia yn erbyn Sbaen a Phortiwgal y tymor diwethaf.

Rudie Van Vuuren

Meddyg a chwaraeodd i Namibia yng Nghwpan Rygbi'r Byd ac yng Nghwpan Criced y Byd yn 2003. Ef oedd y person cyntaf i gynrychioli ei wlad mewn criced a rygbi yng Nghwpan y Byd yn yr un flwyddyn. Ef hefyd oedd y chwaraewr cyntaf o Namibia i gymryd pum wiced mewn gêm undydd, a hynny yn erbyn Lloegr.

SEREN O'R GORFFENNOL

Rudie Van Vuuren yn apelio am gwymp wiced batiwr Lloegr, Michael Vaughan

Y daith

Daeth Namibia i'r rowndiau terfynol yn Seland Newydd yn un o ddau dîm sy'n cynrychioli gwledydd Affrica. Bu'n rhaid iddi chwarae gêmau rhagbrofol yn erbyn Senegal, Zimbabwe a'r Traeth Ifori, cyn curo Tiwnisia yn rownd derfynol Cwpan Affrica. Ar hyn o bryd mae'n 22ain ar restr goreuon y IRB.

Record

Er bod Namibia wedi cyrraedd rowndiau terfynol Cwpan y Byd bob tro ers 1999, record wael sydd ganddi yn y gystadleuaeth. Collodd bob gêm hyd yn hyn ac yn dilyn cweir o 142-0 yn erbyn Awstralia yn 2003 roedd rhai o'r farn na ddylai tîm mor wan gael cystadlu yn y rowndiau terfynol. O'r ugain gwlad fu'n cystadlu yn rowndiau terfynol Cwpan y Byd yn 2007, Namibia oedd yr isaf ar restr yr IRB. Er hynny cafwyd perffromiad da ganddi yn erbyn Iwerddon, oedd yn 5ed ar restr yr IRB ar y pryd, wrth iddi golli 32-17 yn unig. Eto cafodd gweir yn y tair gêm arall a chwaraewyd ganddi yn ei grŵp.

A wyddoch chi?

Gan Namibia roedd y chwaraewr trymaf yng Nghwpan y Byd 2007, sef Marius Visser, prop oedd yn pwyso dros 22 stôn.

Llysenw'r tîm yw'r 'Welwitschias', sef enw ar blanhigyn sy'n tyfu yn yr anialwch yn Namibia ac Angola yn unig. Cafodd ei enwi ar ôl botanegydd o Awstria, Friedrich Welwitsch.

Mae 86% o boblogaeth y wlad yn groenddu a siaredir tair o ieithoedd brodorol Affrica yn gyffredin. Mae un rhan o dair o bobl groenwyn y wlad yn dal i siarad Almaeneg. Mae hanner y boblogaeth yn byw o dan y llinell dlodi ryngwladol.

Bu tad Herman Goering, un o arweinwyr y Natsïaid yn ystod yr Ail Ryfel Byd, yn Llywodraethwr ar y wlad am gyfnod pan oedd hi dan reolaeth yr Almaen.

Jacques Burger

GWYLIWCH RHAIN

Jacques Burger

Blaenasgellwr sy'n chwarae i'r Saraseniaid ym mhrif gynghrair Lloegr. Mae'n gyn-aelod o'r Bulls, un o dimau De Affrica sy'n chwarae yn y Super League. Mae'n 28 oed ac wedi chwarae ers rhai blynyddoedd dros ei wlad.

Piet Van Zyl

Canolwr 31 oed a sgoriodd gais yn erbyn Iwerddon yng Nghwpan y Byd 2007. Mae e bellach ar lyfrau Bourgoin yng nghynghrair Ffrainc a chyn hynny bu'n chwarae yn Ne Affrica i Boland Cavaliers a'r Cheetahs.

Cwis Cwpan y Byd

1. Pryd a ble cafodd brwydr Boet Erasmus ei hymladd?
2. Beth oedd yn arbennig am ymddangosiad Chester Williams yn un o gêmau gogynderfynol Cwpan y Byd yn 2005?
3. Pa chwaraewr sydd wedi sgorio'r cyfanswm mwyaf o bwyntiau yng ngêmau Cwpan y Byd?
4. Faint o beli rygbi fydd yn cael eu defnyddio yng Nghwpan y Byd 2011: 1388, 1122 neu 765?
5. Pa dîm yw'r unig un i gyrraedd rownd derfynol Cwpan y Byd ar ôl colli gêm yn y rowndiau rhagbrofol?
6. Beth oedd camp Ashley Billington, cefnwr Hong Kong, mewn gêm gymhwyso ar gyfer Cwpan y Byd ym mis Hydref 1994?
7. Pwy sy'n dal y record, a grëwyd yn y Cwpan Byd cyntaf erioed yn 1987, am sgorio'r cyfanswm mwyaf o bwyntiau mewn un Twrnament?
8. Y tîm sydd wedi sgorio'r cyfanswm mwyaf o bwyntiau yn hanes rowndiau terfynol Cwpan y Byd yw'r Crysau Duon. Beth yw cyfartaledd eu sgôr ar gyfer pob gêm: 31, 39 neu 44 pwynt?
9. Pa record mae cyn-chwaraewr Lloegr, Mike Catt, yn ei dal?
10. Beth sydd gan John Eales, Dan Crawley, Phil Kearns, Jason Little, Tim Horan ac Os du Randt yn gyffredin?
11. Torrodd Marc Ellis o dîm Seland Newydd record arbennig yn 1995, sy'n dal hyd heddiw. Beth oedd hi?
12. Mae Brian Lochore (1987), Bob Dwyer (1991), Kitch Christie (1995), Rod MacQueen (1999), Clive Woodward (2003) a Jake White (2007) wedi hyfforddi timau buddugol yn rownd derfynol Cwpan y Byd. Beth arall sy'n gyffredin rhyngddyn nhw?
13. Pa dîm sy'n dal y record am y nifer fwyaf o geisiau mewn un gêm yn rowndiau terfynol Cwpan y Byd?
14. Pa record byd mae Jannie de Beer, maswr De Affrica, yn ei dal ers Cwpan y Byd 1999?
15. Sawl gêm gyfartal a gafwyd yn rowndiau terfynol Cwpan y Byd ers y dechrau: 2, 6 neu 9?
16. Pa record Cwpan y Byd fydd Caerdydd yn ei dal yn 2015?

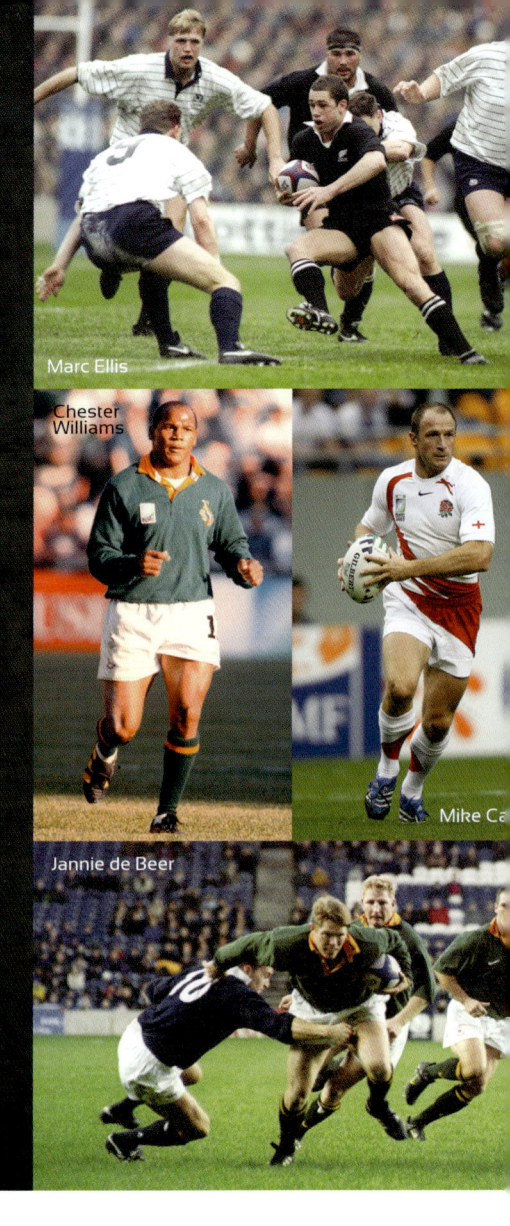

Marc Ellis

Chester Williams

Mike Catt

Jannie de Beer

Atebion

1) Gêm ffrynig yng Nghwpan y Byd 2005 yn Stadiwm Boet Erasmus, Port Elisabeth, rhwng De Affrica a Chanada. 2) Y chwaraewr croenddu cyntaf i gynrychioli ei wlad (De Affrica) yng Nghwpan y Byd. 3) Jonny Wilkinson (Lloegr), 243 pwynt mewn 14 gêm. 4) 1388 pêl. 5) Lloegr (1991 a 2007). 6) Sgorio 50 pwynt (10 cais) yn erbyn Singapore, y cyfanswm mwyaf erioed mewn gêm ryngwladol. 7) Grant Fox (Seland Newydd) 126 pwynt. 8) 44. 9) Y chwaraewr hynaf erioed yn rowndiau terfynol Cwpan y Byd (2007) 36 mlwydd a 33 diwrnod. 10) Ennill Cwpan y Byd ddwywaith. 11) Y nifer fwyaf o geisiau mewn gêm, sef 6, yn erbyn Siapan. 12) Maen nhw'n frodorion o'r gwledydd y buon nhw'n eu hyfforddi. 13) Awstralia 22 cais (142-0) yn erbyn Namibia, 2003. 14) Cicio 5 gôl adlam yn erbyn Lloegr. 15) 2 gêm: Ffrainc a'r Alban (1987); Canada a Siapan (2007). 16)Yr unig ddinas i fod yn rhan o 4 twrnament.